ALGEBRA THE PHANTOM X
by Kjartan Poskitt, illustrated by Philip Reeve

Text copyright ⓒ 2003 by Kjartan Poskitt
Illustrations copyright ⓒ 2003 by Philip Reeve
All rights reserved.
Korean translation copyright ⓒ 2007 by Gimm-Young Publishers, Inc.
This Korean edition was published by Gimm-Young Publishers, Inc. in 2007
by arrangement with Scholastic Ltd. through EYA(Eric Yang Agency), Seoul.

이 책의 한국어판 저작권은 EYA(Eric Yang Agency)를 통해 Scholastic Ltd.와 독점계약한
(주)김영사에 있습니다. 저작권법에 의하여 한국 내에서 보호를 받는 저작물이므로 무단
전재와 복제를 금합니다.

대수와 방정맞은 방정식

1판 1쇄 인쇄 | 2007. 12. 20.
개정 1판 1쇄 발행 | 2019. 12. 5.
개정 1판 5쇄 발행 | 2025. 5. 2.

샤르탄 포스키트 글 | 필립 리브 그림 | 오숙은 옮김 | 김화영 감수

발행처 김영사 | 발행인 박강휘
등록번호 제 406-2003-036호 | 등록일자 1979. 5. 17.
주소 경기도 파주시 문발로 197(우10881)
전화 마케팅부 031-955-3100 | 편집부 031-955-3113~20 | 팩스 031-955-3111

값은 표지에 있습니다.
ISBN 978-89-349-9819-8 74080
ISBN 978-89-349-9797-9 (세트)

좋은 독자가 좋은 책을 만듭니다. 김영사는 독자 여러분의 의견에 항상 귀 기울이고 있습니다.
전자우편 book@gimmyoung.com | 홈페이지 www.gimmyoung.com

이 도서의 국립중앙도서관 출판시도서목록(CIP)은 서지정보유통지원시스템
홈페이지(http://seoji.nl.go.kr)와 국가자료공동목록시스템(http://www.nl.go.kr/kolisnet)에서
이용하실 수 있습니다. (CIP제어번호 : CIP2019030716)

|어린이제품 안전특별법에 의한 표시사항| 제품명 도서 제조년월일 2025년 5월 2일
제조사명 김영사 주소 10881 경기도 파주시 문발로 197 전화번호 031-955-3100 제조국명 대한민국
사용 연령 11세 이상 ⚠주의 책 모서리에 찍히거나 책장에 베이지 않게 조심하세요.

차례

비밀 무기	7
대수가 뭐길래	10
단순무식 마트의 방정식	22
대수의 아버지	47
싸기(인수분해)와 풀기	53
마술의 원리	82
앗! 시리즈 실험실	102
은행 시계의 수수께끼	128
축과 도표, 러브버거의 비행	143
두 개의 문제	164
제로 증명	175

비밀 무기

여러분은 지금 나를 처음 볼 것이다. 행여 나중에라도 여러분이 나를 또 보는 일은 없기를 바란다. 나와 같이 있는 게 눈에 띄면 여러분 목숨이 위험할 테니까. 살고 싶은 사람은 우선 등 뒤에 아무도 없는지 확인한 후 책을 읽도록.

아무도 없지? 다행이군. 상황을 얘기하자면 이렇다. 수학은 길고 치열한 전투이다. 그 전투에서 여러분은 어려운 문제 군단의 공격을 받고 있다. 다행인 것은 대부분의 문제가 여러분 머리로 풀 수 있는 시시한 계산이라는 것이다. 그리고 정말 막강한 계산을 만났을 때라도 계산기로 숫자들을 쏘아 대면 그 답을 알아낼 수 있다. 그런데 가끔은, 도무지 그 수가 뭔지 몰라서 아예 계산을 하지 못하는 경우가 있다! 그게 어떤 수인지도 모르는데 어떻게 계산기에 수를 입력할 수 있단 말인가? 여러분이라면 알 수 없는 수, 미지수를 만났을 때 어떻게 하겠는가? 매일 그런 일을 하는 사람이 바로…… 팬텀 X이다.

나는 그늘에 숨어 지내지만, 언제 어디서든 뛰쳐나와 풀리지 않는 것을 풀고 계산할 수 없는 것을 계산하며 엉킨 것을 정리해 줄 준비가 되어 있다. 그러나 우주는 팽창하고 문제는 몇 갑절로 자꾸 늘어나고 있기 때문에 여러분의 도움을 약간 빌릴 수도 있다.

다시 한 번 여러분 어깨 뒤에서 훔쳐보는 사람이 없는지 확인하도록. 없지? 정말이야? 좋다. 그렇다면 이제 나의 비밀 무기를 소개해도 되겠군. 바로 수에 문자를 대신 넣는 대수이다.

많은 사람들이 미지수를 보면 겁에 질려 비명을 지르며 달아나지. 하지만 나는 여러분이 나와 함께 미지수에 도전해서 그것을 쓰러뜨릴 만큼 용기와 배짱을 가졌으면 한다. 여러분이 이 책을 읽는 동안 내가 뒤따를 테니 걱정 말도록. 그리고 이 책

을 다 읽을 때쯤이면 우리는 여러분이 미지수 군단에서 가장 악독한 녀석을 물리칠 준비가 되어 있는지 알게 될 것이다. 미지수 군단이야말로 수학의 전체 구조를 박살내고 우리 우주를 파괴하려고 위협하는 적이다.

이상이 지금 내가 여러분에게 말할 수 있는 전부이다. 어쨌든 고맙다. 앞으로 나 혼자 미지수들을 상대하지 않아도 된다니 정말 다행이다.

대수가 뭐길래

대수란 여러분이 계산해야 할 모든 수를 일일이 알지 못할 때 계산을 해내는 방법이다. 그러니까 모르는 수 대신 문자를 사용하는 것이다. 이를테면 이런 거지.

$$(q_1-q_0)^{\frac{1}{6}} = p\left(\frac{3\sqrt{y+2z}}{7\varOmega - 9\cdot 47} - 8(y^2 - \varOmega)^{\frac{2}{5}}\right) + 1$$

아, 겁먹지 말도록! 이건 사악한 골라크족이 막강 우주전함을 몰고 은하계를 건널 때 사용하는 최고로 골치 아픈 대수의 일부이니까.

아마 여러분이라면 이런 대수는 평생 쓸 일도 없을 것이고, 쓸 생각도 안 하는 게 좋을 것이다.

두말할 것 없이, 골라크족의 대수는 골라크족보다 훨씬 똑똑하니까 알아서 하게 놔두고 신경 쓰지 말자.

하지만 우리는 좀 더 현실적이니까, 우리가 이해할 수 있는 것을 풀어 보는 게 좋겠지. 이런 건 어때?

$$c = 16$$

이건 훨씬 쉬워 보이지만 한 가지 작은 문제가 있다. 도대체 이 식은 무얼 말하고 싶은 것일까? 대수에서 가장 중요한 요점은 문자가 뜻하는 바를 알아야 한다는 것이다. 이 경우 'c'는 평범한 애벌레의 다리 수를 나타낸다.

아하! 애벌레의 다리 수가 16개라는 걸 안다면 그게 낫겠지. 하지만 만약 모른다면?(솔직히 말해 봐. 방금 이걸 읽을 때까지는 여러분도 몰랐지, 그렇지?)

맞아. 하지만 사람은 애벌레의 다리 수를 모르니까 'c'라고 쓰는 것이다. 이처럼 'c'가 어떤 수를 나타내는지 모를 때, 우리는 그것을 미지수라고 한다.

간편 정보! 우리는 대수가 어떻게 동작하는지 알고 있으므로, 가장 쓸모 있는 정보에는 ❌ 표시를 하겠다.

가장 쓸모없는 정보에는 짓뭉개진 애벌레 표시를 하면 되겠지!

❌ 모든 문자와 숫자는 양수이거나 음수이다. 음수는 0보다 작은 수로 앞에 항상 '-' 부호가 붙는다. 음의 부호는 숫자의 일부이다.

12=7+9-4라는 식에서 -4는 음수이다. 이 식을 바꾸어서 12=7-4+9라고 할 경우 '-' 부호는 4 앞에 붙어 있어야 한다. 그렇지 않다면 식이 성립되지 않는다. 음의 부호는 하늘의 거대한 수학 공장에서부터 풀로 딱 붙어서 나온 거다. 그러니 여러분이 어떻게 할 수 있는 것이 아니다.

어떤 수가 음수가 아니라면 그 수는 반드시 양수이다. 확실히 +9는 양수이다. 그런데 12와 7 역시 양수이다. 좀 더 분명히 나타내기 위해서는 +12=+7+9-4라고 써야겠지만 보통 수식의 양수에서는 번거로우므로 '+'를 붙이지 않는다. 그렇기 때문에 수 앞에 '+' 부호가 보이지 않는다고 해도 그것은 그 자리에 있다고 봐야 한다. 왜냐하면 그 부호 역시 하늘의 거대한 수학 공장에서 딱 붙어서 나온 거니까. 그리고 그것에 대해서도 역시 여러분은 아무것도 할 수가 없다.

❌ 두 수를 곱할 때는 답의 부호가 맞는지 항상 확인하도록! 만약 두 수의 부호가 같다면 답은 양수이다. 두 수의 부호가 서로 다르다면 답은 음수이다.

+3×+2=+6   부호가 같다.
+3×-2=-6   부호가 다르다.
-3×+2=-6   부호가 다르다.

−3×−2=+6   부호가 같다.
('−' 부호 둘을 곱하면 '+'가 된다.)

문자, 숫자 그리고 돌연변이 쐐기벌레

문자는 숫자와 거의 똑같이 사용할 수 있다. 만약 애벌레 다섯 마리가 있다면 다리의 수는 모두 몇 개일까? 답은 5×16이다. 그러나 애벌레의 다리가 몇 개인지 모른다면 $5c$라고 쓸 수 있다.

아니, 빠뜨린 게 아니다. 물론 $5×c$라고 쓸 수도 있지만 대수에는 곱셈이 엄청 많이 등장하므로 애써 문자 앞에 곱하기 부호를 쓰는 일은 거의 없다. 그 이유는 '×' 부호가 문자 'x'와 비슷하기 때문이기도 하지만 지저분한 식으로 사람들의 웃음을 살 필요가 없기 때문이기도 하다.

어쨌거나 $5c$에서 숫자 '5'는 계수라고 한다.

❌ 계수가 양수(+)인지 음수(−)인지 반드시 확인하도록. 여기에서 5는 '−' 부호가 없으므로 양수이다. 식이 좀 더 복잡해질 경우에는 $5c$의 계수는 '+5'라고 말하는 것이 도움이 된다.

아, 그런가? 그렇다면 위의 글에 짓뭉개진 애벌레 표시를 해야겠군……

진작 그럴 것이지! 다행히 〈앗! 시리즈〉 팬들은 참을성이 많으니까 그냥 지나가자. 그런데 애벌레 한 마리의 볼기짝은 아주 많다. 어쩌면 지금이야말로 약간의 실험을 할 시간인 것 같군. 애벌레 한 마리를 잡아서 똑같이 네 부분으로 잘라 보자.

각 부분의 다리는 각각 몇 개일까? 수로 나타내 보면 16÷4이니까 이것은 $\frac{16}{4}$으로 쓸 수 있다. 대수에서는 나눗셈 부호 역시 거의 사용하지 않으니까 $\frac{c}{4}$로 쓰면 된다. 그런데 여러분은 $\frac{c}{4}$의 계수가 뭐라고 생각하는지? 답은 $\frac{1}{4}$이다. $\frac{c}{4}$는 $\frac{1}{4} \times c$와 같거든.

각각 $\frac{c}{4}$개의 다리를 가진 벌레 조각 6개가 있는데 이것들을 붙여서 변종 벌레를 만든다고 해 보자. 이 변종 벌레의 다리 수는 몇 개일까? $6 \times \frac{c}{4}$이다. 보통의 분수처럼 곱하는 수를 분자에다 곱하면 되므로 답은 $\frac{6c}{4}$가 된다. 그런데 다시 보통 분수처럼 약분할 수가 있다. 다시 말해서 분자와 분모에 똑같이 나누어지는 수가 있다면 그 수로 나누어야 한다. 이 경우 2로 분자와 분모를 나누면 $\frac{3c}{2}$가 된다.

우리의 식을 증명하기 위해서 우리의 변종 애벌레를 등장시켜 볼까.

각 부분에 다리가 4개이니까 이 벌레의 다리가 모두 몇 개인지 계산할 수 있다. 6×4=24이다. 한편 우리의 공식 $\frac{3c}{2}$에서 'c'를 애벌레 한 마리의 다리 수인 16으로 바꾸어 확인해 보자. $\frac{3 \times 16}{2} = \frac{48}{2} = 24$. 우리가 기대하던 답이다.

미지수가 방정식에 들어갈 때

그럼 다시 여러분이 보통 애벌레의 다리 수가 몇 개인지 모르던 슬픈 옛날로 돌아가 볼까.

어느 날 저녁, 여러분은 책을 읽을 수도 없고 텔레비전을 볼 수도 없는 정신 상태에 빠져 있다. 애벌레 다리 수와 관련해서 자신의 무식함에 좌절한 나머지 비참한 심정이기 때문이지. 그런데 갑자기, 부엌 싱크대에서 철퍽 하는 요란한 소리가 들린다. 무슨 일인가 싶어 가서 보니 애벌레 한 마리가 쥐덫에 걸려서 그만 두 동강 난 게 아닌가. 한쪽에는 다리 일곱 개가, 다른 한쪽에는 다리 아홉 개가 붙어 있다. 여러분은 'c'의 값을 알아내기 위해 작은 방정식을 만들 수 있다.

$$c=7+9$$

이 방정식에는 미지수가 하나 있는데, 바로 c(애벌레 한 마리의 다리 수)이다.

> 〈앗! 시리즈〉 협회 앞
> 저는 벌써 C가 얼마인지 알아냈어요.
> 상금은 내 거 맞죠?
> 군침을 흘리며,
> 다풀어 씀

나, 참! 이 책을 읽는 사람이라면 지금쯤 누구나 c 값을 알고 있는걸. 우리는 그냥 방정식의 해법을 보여 주려고 모르는 척하고 있을 뿐이다. 시작은 간단한 식이었지만 방정식은 앞으로 점점 어려워질 것이다. 49쪽을 보도록. 봤지? 하지만 거기 도착할 때쯤이면 여러분도 다 이해하게 될 테니까 미리 걱정하지 말기 바란다.

그런데 중요한 정보가 또 하나 있지.

❌ 만약 한 개의 미지수를 가진 방정식이 있다면, 그 식을 풀 수 있다.

이 이야기에 머리를 쥐어뜯지는 말도록. $c=7+9$라는 식을 포기하지 않고 꾸준히 풀기만 한다면 여러분은 $c=16$이라는 걸 알게 될 테니까.

갑자기 여러분 머리에 위대한 발명 아이디어가 떠오른다! 여러분은 쥐며느리의 다리를 솔로 삼아 칫솔을 만들기로 한다.

문제는 쥐며느리의 다리 수를 모른다는 것. 그래서 여러분은 그 비밀 계획을 써 내려가면서 그 수를 그냥 'w'로 표시한다. 이어서 여러분은 비밀 공식을 발견하게 된다.

$$w = c - 2$$

이번에는 두 개의 미지수를 가진 방정식이 생겼다. 안타깝게도 여러분은 이 식을 앞에 두고 어쩌지 못하고 있는데…… 슬쩍 앞장을 넘겨보고는 우리가 'c'를 애벌레의 다리 수로 정했다는 사실을 깨닫는다. 정말 짜릿한 발견이다!

우리는 이미 $c=16$이라는 사실을 알고 있으므로 이 식에서 'c' 대신 16을 집어넣을 수 있다. $w=16-2$이므로 결국 $w=14$라는 답을 얻게 된다(그래, 그것이 바로 쥐며느리의 다리 수이다. 우리 〈앗! 시리즈〉 협회 사무실에서 그걸 세느라 얼마나 고생했다고!).

✖ 방정식에서 왼쪽에 있는 변은 항상 똑같으므로(계속 w였다) $w=16-2$와 $w=14$를 따로 쓰지 않아도 된다. $w=16-2=14$라고 쓰면 시간을 절약할 수 있다.

문자끼리 곱할 때는 그냥 나란히 바로 옆에 붙여 쓰면 된다. 거대한 괴물 쥐며느리가 각각의 다리로 애벌레 한 마리씩을 붙들고 있다고 해 보자. 그 쥐며느리가 잡고 있는 애벌레의 다리 수는 모두 몇 개일까?

쥐며느리의 다리 수는 w이고 그 다리마다 c개의 다리를 가진 애벌레가 붙들려 있다. 따라서 전체 애벌레의 다리 수는

$w \times c = wc$가 된다.

만약에 거대한 괴물 쥐며느리 네 마리가 그 큰 다리마다 애벌레 세 마리씩을 붙들고 있다면? 전체 애벌레의 다리 수는 $4w \times 3c$, 이것은 $12wc$가 된다. 여기서 수는 수끼리 서로 곱하고, 문자들은 뒤로 한군데에 밀어냈다는 사실을 눈여겨보도록.

이번에는 괴물 쥐며느리 네 마리가 다리마다 애벌레 세 마리를 붙들고 있는데 잔디 깎는 기계가 나타나서 전체를 으깨 곤죽을 만드는 바람에 완전히 똑같은 48개의 작은 덩어리로 쪼개졌다고 해 보자.

각각의 덩어리에는 몇 개의 애벌레 다리가 들어 있을까? 이것은 $\frac{12wc}{48}$인데 분자와 분모를 12로 약분하면 $\frac{wc}{4}$가 된다.

우리는 'w'와 'c' 값을 알고 있으므로 이 식을 계산할 수 있다.

$\frac{14 \times 16}{4} = 14 \times 16 \div 4 = 56$.

즉 각 덩어리의 애벌레 다리 수는 56개이다. 하지만 우리의 말을 곧이곧대로 받아들이지는 말도록. 밖에 나가서 약간의 괴물 쥐며느리와 수많은 애벌레와 잔디 깎는 기계를 찾아본다면 무슨 말인지 알게 될 것이다.

여기서 'c'는 애벌레 한 마리의 다리 수를 나타낸다. 다음번에 우연히 'c'를 만난다면 아마 완전히 다른 뭔가를 나타내고 있을 것이다. 치즈 가격이라든가 빛의 속도라든가 등등. 또 다음번에 'w'를 만난다면 그것이 변종 나비의 날개 수를 나타낼 수도 있다. 그러니 항상 정신을 바짝 차려야 한다.

단순무식 마트의 방정식

오늘도 평소처럼 단순무식 마트로 쇼핑 여행을 떠나는 그리젤다를 따라가 볼까? 그리젤다는 근사한 활과 거기에 어울리는 화살통을 사려고 한다. 그녀는 각 품목의 가격이 얼마인지는 모르지만, 그래도 모두 합쳐서 얼마가 나올지 궁금해한다. 그것을 이렇게 설명할 수 있겠지.

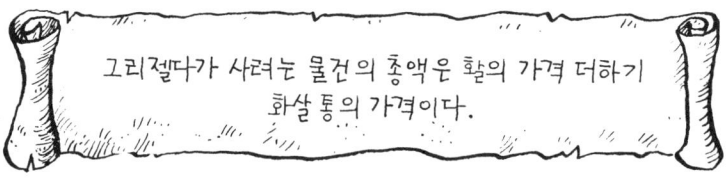

그리젤다가 사려는 물건의 총액은 활의 가격 더하기 화살통의 가격이다.

그러나 말이 너무 길어지면 혀가 꼬이니까 총액을 그냥 'G'라고 쓰기로 하자. 활의 가격은 'b'로 대신 나타내고 화살통의 가격은 'q'로 표시하기로 한다. 이제 우리는 이것을 깔끔한 방정식으로 만들 수 있다.

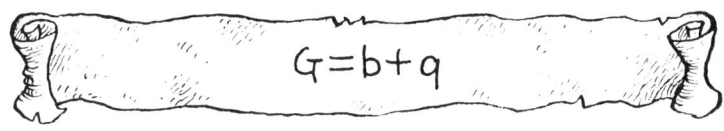
$$G = b + q$$

그리젤다는 각각의 가격이 얼마인지 모르고 총액이 얼마인지도 모르기 때문에 그녀의 방정식에는 미지수가 세 개 있다. 그 얘기는 식을 풀 수 없다는 뜻이다.

진정해! 당장은 우리가 그 식에 대해 손을 쓸 수 없지만 그래도 이 방정식은 b와 q의 값을 알아내는 즉시 총액을 계산하는 방법을 정확히 설명해 주고 있잖아. 저기 가게 창문을 들여다보라고.

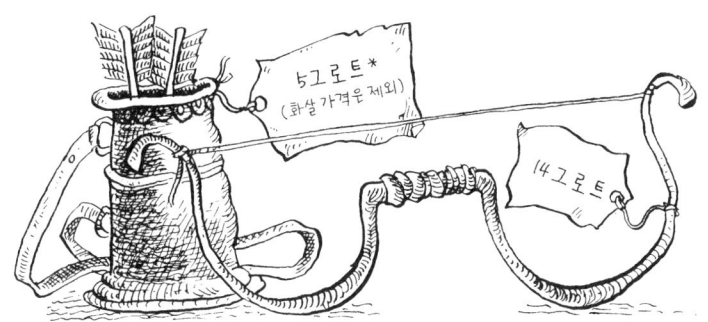

*그로트: 영국의 옛날 4펜스 은화(우리나라 돈으로는 74원 정도에 해당하는 금액).

아하! 그 말은 곧 'b' 값에 14를, 그리고 'q' 값에 5를 대입

할 수 있다는 뜻이다. 그렇다면,

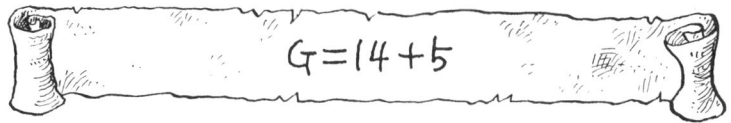

이제 미지수가 한 개뿐이니 그럭저럭 신나게 그 답을 계산할 수 있다. $G=19$.

그런데 그리젤다가 19그로트를 건네는 순간, 준고이드족 문고이드가 불쑥 들어온다. 그는 그리젤다의 부주의한 실수를 눈치 챈다.

문고이드는 화살통 하나와 가게 안에 남은 화살을 모조리 다 산다. 가게에 있던 화살의 수는 15개, 그렇다면 문고이드가 내야 할 총액은 얼마일까? 그의 총액을 'M'이라고 하고 각 화살의 가격을 'a'라고 하자. 이런 방정식이 나오겠지?

$$G=q+15a$$

'q'는 화살통의 가격, 즉 5그로트이다. 그러나 'a' 값을 알아야만 문고이드가 얼마를 내야 할지 알 수 있는데······.

이제 'q' 값에 5를, 'a' 값에 2를 대입할 수 있다.

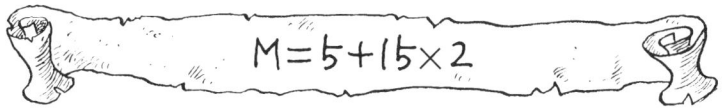

여기서 우리는 두 가지 셈을 하게 된다. 하나는 덧셈이고 또 하나는 곱셈이다.

❌ 항상 곱셈이나 나눗셈을 먼저 한 후 덧셈이나 뺄셈을 한다.

그러므로 $M=5+30=35$이다.

(만약 가게 주인이 15×2라는 곱셈보다 $5+15$라는 덧셈을 먼저 했다면 $M=20 \times 2=40$이라는 총액이 나왔을 것이다. 문고이드가 원래 내야 할 돈보다 5그로트를 더 냈다는 걸 알게 되면 어떻게 할까? 야만인에게 돈을 더 받는다는 건 좋은 생각이 아니다.)

괄호로 묶기

한편 그 가게 안쪽에서는 캔슬 대위가 용감무쌍 벡터 전사들에게 입힐 위장용 속옷을 사려 하고 있다(그는 위장용품 코너를 찾느라 애를 먹었다. 그곳은 아이스크림 차처럼 위장되어 있었거든).

전사 한 명당 러닝셔츠 하나, 팬티 두 개, 양말 네 짝이 필요하다(이 가게에서는 양말을 한 짝씩 살 수 있다. 물론 손님의 다리가 홀수일 경우를 위한 거지). 각 품목의 가격을 'v', 'p', 's'라고 하고 각 전사의 옷값의 총액을 'E'로 나타낸다면 이런 식을 만들 수 있다. $E = v + 2p + 4s$.

대위의 부하들은 13명, 그러면 13명의 속옷 값은 얼마나 될까? 그거야 간단하지. $13E$이다. 이것은 $v+2p+4s$의 13묶음과 같다. 괄호를 사용하면 이렇게 나타낼 수 있다.

$$13E = 13(v + 2p + 4s)$$

어떤 것들을 괄호로 묶는다는 것은 그것들 모두를 한 덩어리로 다루어야 한다는 뜻이다. 다른 것들을 남겨 둔 채 하나만 떼어 괄호 밖으로 보낼 수는 없다. 괄호 앞에 기대어 있는 수는 계수가 된다. 그러니 여기서 계수는 13이지.

괄호 풀어서 없애기

❌ 괄호를 풀어 없애려면 괄호 안의 모든 것을 계수로 곱해 주어야 한다(이것을 분배라고 한다).

만약 $(p+4m)$이라면 괄호의 계수는 +1이다. 엄밀히 쓰면 이렇게 되겠지. $+1(p+4m)$. 그러나 +1은 곱해도 아무런 영향을 주지 않으므로 애써 써 넣을 필요가 없다. 그런데 $-(3g+2j)$라는 괄호에서 계수는 무엇일까? 이 경우 계수는 -1, 따라서 괄호를 분배하면 $-1 \times 3g + -1 \times 2j$가 되어 결국 $-3g-2j$가 된다.

$13(v+2p+4s)$의 경우 괄호를 없애려면 v와 $2p$, $4s$에 각각 +13을 곱해 주어야 한다.

아니, 그렇게 하면 $13E=13v+2p+4s$가 되어 버린다. 그건 13명의 남자에게 필요한 속옷이 러닝셔츠 13장과 팬티 두 장, 그리고 양말 네 짝이 전부라고 말하는 것과 같다. 조금 썰렁하지 않을까?

이미 말했다시피 괄호 안의 모든 것을 괄호 밖의 수로 곱해 주어야 한다. 그렇다면 $13E=13(v+2p+4s)=13v+26p+52s$. 결국 과위는 러닝셔츠 13장, 팬티 26장, 양말 52짝을 사야 한다.

이제 가격을 알아보자.

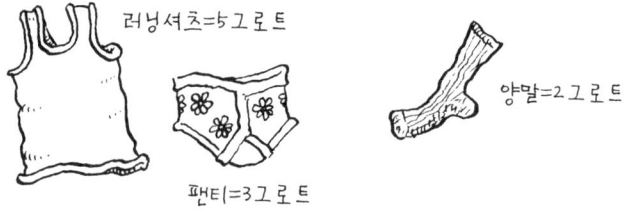

그렇다면 $v=5, p=3, s=2$이다.

각 문자에 가격을 대입하면 $13E=13\times 5+26\times 3+52\times 2$. 그런데 항상 곱셈과 나눗셈을 먼저 한 뒤 덧셈과 뺄셈을 해야 한다는 사실을 잊지 않았지? 그러므로 $13E=65+78+104=247$. 군인 13명의 속옷 값은 총 247그로트이다.

그런데 각 문자의 값이 얼마인지를 안다면 괄호를 없애는 방법은 또 있다. 이제 우리는 'v', 'p', 's' 값을 알고 있으므로 괄호 안에 들어가서 $(v+2p+4s)$를 $(5+2\times 3+4\times 2)$로 바꾼 뒤 계산하면 답을 구할 수 있다. 이런 식으로 방정식 전체를 조금씩 바꾸어 나가는 것이다.

괄호 안의 문자들에 수를 대입시키면 $13E=13(5+2\times 3+4\times 2)$

괄호 안의 곱셈을 하면 $13E=13(5+6+8)$

괄호 안의 덧셈을 하면 $13E=13(19)$

아까 마지막에 얘기했던 간편 정보를 기억하자. 괄호를 없애려면 괄호 밖의 수를 괄호 안의 모든 것에 곱해 주어야 한다. 괄호 안에는 19뿐이니까 $13E=13\times 19=247$.

어느 방법으로 계산하든 상관없이, 위장용 속옷에 대한 값은 여전히 247그로트이다.

속옷 값을 치르고 나자 대위의 수중에는 160그로트가 남았다. 그래서 그는 대원들에게 새 양철 투구를 사 주기로 결심했다. 양철 투구 한 개의 가격을 'h' 라고 하면 양철 투구 13개의 값은 $13h$이다.

그럼 문제: 대위가 160그로트를 내면 거스름돈은 얼마를 받을까? 거스름돈을 C라고 하면 $C=160-13h$이다.

다행히 대위는 반가운 소식을 듣게 되는데……

투구 한 개당 3그로트씩 가격이 내렸으니까 투구 한 개의 값은 $(h-3)$. 따라서 투구 13개의 가격은 $13(h-3)$, 그리고 $C=160-13(h-3)$이다.

투구의 정가를 알아보기 전에 괄호를 없애면 어떻게 되는지 살펴보자. 먼저 괄호의 계수를 확인하자. 계수는 -13, 즉 마이너스 13이다.

❌ 마이너스 부호는 계수의 일부임을 잊지 말 것!(그것은 하늘의 거대한 수학공장에서 붙여져 나온 것이므로 이러쿵저러쿵……)

자, 괄호를 없앨 때는 -13을 괄호 안의 두 수에 곱해 주어야 하겠지?

첫 번째 것은 쉽다. $-13 \times h = -13h$이다. 두 번째 것은 두 개의 음수를 곱하는 것이므로 결국 양수의 답이 나오게 된다. $-13 \times -3 = +39$. 전체 식을 정리해 보면 $C = 160 - 13(h-3) = 160 - 13h + 39$. 부호만 잘 챙긴다면 수들을 옮길 수 있으므로 $C = 160 + 39 - 13h = 199 - 13h$.

이제는 투구의 정가가 얼마였는지 확인하기만 하면 계산이 끝난다.

$h=15$. 그렇다면 대위가 받아야 할 거스름돈은 얼마일까?
$C=199-13h=199-13\times15=199-195=4$, 즉 4그로트이다.

다른 방법으로 답을 확인해 볼까?

투구의 정가는 원래 15그로트인데 3그로트씩 값이 내렸다. 그러므로 투구 한 개당 내야 할 값은 $15-3=12$그로트이다. 대위는 투구 13개를 사니까 총액은 $13\times12=156$그로트. 이것을 대위가 가진 160그로트에서 빼면 $160-156=4$그로트의 거스름돈을 받게 된다. 맞잖아!

그런데 아직도 대위를 아리송하게 하는 것이 있었으니……

조사에 나선 수학자 새그

한편 도끼족 우르굼의 존재는 사람들에게 약간의 공포를 자아내고 있었다. 그가 대포 판매대에서 서성거리고 있었기 때문이었다. 이 야만인의 한바탕 쇼핑 소식이 라플라스 공주의 귀에 들어갔다. 공주는 수학자 새그를 파견해 누가 무엇을 사는지 정확히 조사하게 했다. 새그는 창 무더기 뒤에 몰래 숨어서 재빨리 방정식 하나를 작성했다.

이 방정식은 우르굼이 내야 할 총액, 즉 U를 계산하는 식이다. 나머지 문자들은 무엇을 나타내고 있을까? c는 대포의 가격, x는 우르굼이 산 대포의 개수, g는 피투성이 대포알의 가격이며 y는 대포알의 개수이다.

다행히 새그는 충분한 정보를 얻어 이들 문자 대부분을 수로 대신할 수 있었다. $U=104$, $c=28$, $x=2$, $g=3$이다. 결국 방정식은 $104=2\times28+y\times3$이다. 항상 곱셈 먼저 하고 덧셈을 한다는 것, 잊지 않았지? 그렇다면 $104=56+3y$가 된다.

여기서 'y'는 우르쿰이 산 대포알의 개수인데, 이 방정식에서 미지수는 'y'뿐이므로 새그는 이 식을 풀 수 있어야 한다. 새그가 해야 할 일은 이 방정식의 각 항을 이동시켜 'y'만 한쪽으로, 즉 왼쪽 변으로 몰아 버리고 나머지 전부를 다른 변에 놓는 것이다. 그러면 'y'가 얼마인지 알 수 있겠지?

(항이란 방정식의 작은 부분들, 그러니까 $+104$, $+56$, $+3y$ 등을 말한다.)

새그가 'y'를 어떻게 알아냈는지 살펴보자.

$104 = 56 + 3y$	새그는 여기서부터 계산을 시작했다.
$56 + 3y = 104$	방정식의 'y'를 좌변으로 옮기기 위해 규칙 1을 사용했다.
$3y + 56 = 104$	규칙 2를 사용하여 'y'항을 맨 앞으로 놓았다.
$3y + 56 - 56 = 104 - 56$	히야! 정말 똑똑하네. 새그는 좌변의 '+56'을 없애기 위해서 규칙 3을 적용해 방정식의 양변에 '-56'을 했다.
$3y = 104 - 56$	기막히군! 좌변에는 +56과 -56이 있었는데 +56-56=0이다. 다시 말해 지워진 것이다. 이렇게 두 개 항이 지워졌고……
$3y = 48$	……다시 우변에 있는 104-56을 계산했더니 48이 되었다. 이것쯤이야!
$3y \div 3 = 48 \div 3$	새그는 $3y$를 간단하게 'y'로 만들고 싶어서 3으로 나누었다. 이때 규칙 3에 따라 양변을 똑같이 3으로 나누어야 한다.
$y = 48 \div 3$ $y = 16$	$3y$에 $\div 3$을 해서 y를 만들었더니…… 드디어 답이 나왔다!

새그는 이제 라플라스 공주가 궁금해하는 것을 말할 수 있게

되었다.

 가게 안이 잠시 조용해졌군. 이 틈을 타서 방정식을 풀 때 쓸 수 있는 몇 가지 간단한 비법을 알아보자.

등호 건너가기

 새그는 이 방정식을 풀면서 $3y+56=104$를 $3y=104-56$으로 만들었다. 이것은 새그가 중간 단계에서 양쪽 변에 '-56'을 함으로써 $+56$과 -56이 지워지도록 했기 때문이다. 그러나 계산 과정을 확실히 이해하기만 한다면 이 단계를 건너뛸 수 있다. 만약 '$+56$'과 같은 항을 등호 반대쪽으로 옮기고 싶다면 얼마든지 옮기고 부호만 바꿔 주면 된다.

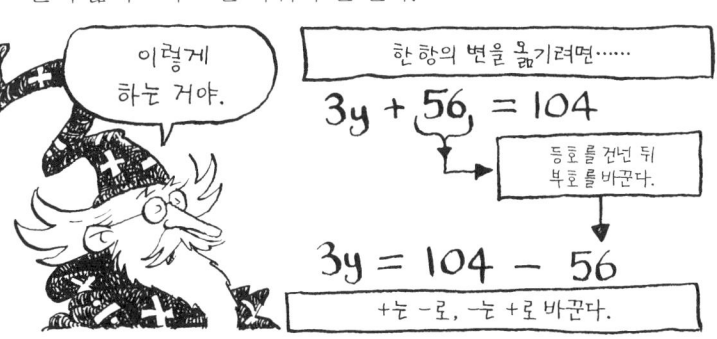

 이제 간단한 숫자를 가지고 다른 방법으로 계산해 보면 이것

이 맞는지 확인할 수 있을 것이다.

우선,
+1을 등호 반대쪽으로 옮겨 부호를 바꿔 준다.

$3+1=4$
$3=4-1$
$1=4-3$

원한다면 3을 대신 옮겨도 상관없다.

('3' 앞에 부호가 없더라도 이것이 양수임을 명심할 것. 따라서 등호를 건너가면 음수로 바뀌게 된다.)

반대로 음수를 등호 건너편으로 옮기면 양수가 된다.

$7-2=5$
$7=5+2$

이런 식이 있을 때
이렇게 바뀌게 된다.

심지어 한 변의 모든 항을 죄다 옮길 수도 있다!

$8-6=2$
$8-6-2=0$
$0=2+6-8$

이런 방정식을
이렇게 바꿀 수도 있고
이렇게 바꿀 수도 있다.

물론 이 규칙은 문자에도 적용된다. 문제가 있다면 숫자를 옮길 때처럼 답을 확인할 수 없다는 것이다. 그러니까 반드시 제대로 부호를 바꾸어 줘야 한다! $a+b=c$ 라는 방정식은 $a=c-b$ 또는 $a+b-c=0$으로 바꿀 수 있다.

새그가 $3y=48$이라는 식을 가지고 $y=48\div3$으로 바꾸었던 거 기억하지? 그 사이에는 양변을 똑같이 3으로 나누어 준 과정이 있었다. 그러나 이것도 원리만 안다면 굳이 그럴 필요가 없다. 새그는 y의 계수, 즉 3을 옮긴 것이다. $3y$가 $y \times 3$이라는 걸 안다면, '×3'을 등호 건너편으로 옮기기 위해서는 × 부호를 ÷로 바꿔 주면 된다.

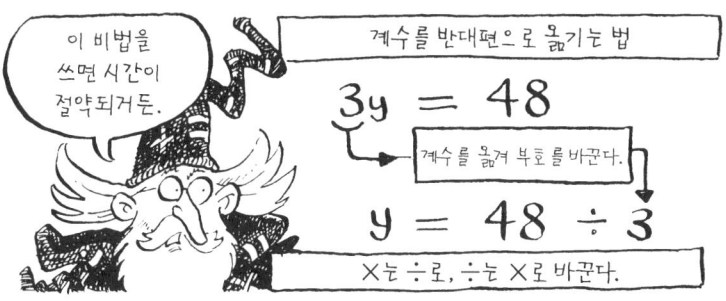

나눗셈 역시 곱셈으로 바뀐다. 따라서 $\frac{m}{5}=12$라는 식에서 계수를 옮기면 $m=12 \times 5$가 된다.

물론, 문자에도 이 규칙이 통한다. $ab=cd$라는 식이 있다면 이것을 $a=\frac{cd}{b}$ 또는 $\frac{ab}{c}=d$로 바꿀 수 있다.

이런 식이 있을 때 $ab=cd$

양쪽 변을 cd로 나누면 $\frac{ab}{cd}=\frac{cd}{cd}$

무엇이든 자기 자신으로 나누면

1이 된다. 그러니까…… $\frac{ab}{cd}=1$

휴우! 다음 장으로 넘기면 잠깐 수학을 접어 두고 좀 쉴 수 있으려나.

간단하게 사는 법

방정식을 단순화한다는 것은 식을 간단하게 만들기 위해 몇 가지 작은 계산을 한다는 뜻이다.

하지만 또다시 뭔가를 계산하기 전에, 단순무식 마트의 뒤뜰로 나가 신선한 시골 공기를 쐬면 어떨까. 오오, 그거 좋겠군. 자, 심호흡을 하고…… 윽, 푸읍!

우리는 양 네 마리, 소 다섯 마리 그리고 똥 한 무더기가 있는 곳에 발을 들여놓았다. 양 세 마리가 나가고 소 두 마리가 들어왔지만 똥 무더기는 그 자리에 그대로 있다. 뒤뜰에 무엇이 남아 있을까? 별로 어려운 계산은 아니다. 양 한 마리, 소 일곱 마리 그리고 똥 무더기.

그렇다면 이것을 대수로 풀어보자. 양을 's', 소를 'c', 똥을 'd'라고 한다면 처음에 $4s+5c+d$였는데 $3s$를 잃고 $2c$를 얻었다. 전체는 다음과 같다. $4s+5c+d-3s+2c$. 가만히 보면 일부 항들의 문자가 똑같다(예를 들면 $4s$와 $-3s$). 이런 것들을 같은 항, 즉 동류항이라고 한다. 동류항끼리는 한데 묶어 놓는 것이 인생을 한결 편하게 만드는 길이다(항상 부호도 같이 움직인다는 걸 명심하라! 마이너스 부호는 $3s$에 붙어 있어야 한다). 그렇다면 $4s-3s+5c+2c+d$가 된다.

단순화할 때는 동류항끼리 더하거나 빼게 되므로 $4s-3s$는 $1s$가 된다. 하지만 굳이 '1'을 붙이는 사람은 없으므로 그냥 's'라고만 쓴다. $5c+2c$는 $7c$가 된다. 똥 무더기는 주변에 어슬렁거리다가 합쳐진 다른 똥 무더기가 없으므로 그냥 그대로 있다. 결국 $s+7c+d$로 단순화된다.

동류항이 아닌 것끼리는 더하거나 뺄 수 없다. 여러분 집 뒤뜰에 돼지 여덟 마리와 똥 한 무더기가 있다고 해 보자. 돼지 여덟 마리에서 닭 네 마리를 뺄 수는 없다. 원래 닭은 한 마리도 없었으니까. 어쨌든 이것을 방정식으로 만든다면 $8p-4c+d$(돼지: p, 닭: c, 똥: d)인데, 돼지들이 똥 무더기로 들어가다가 있지도 않은 음수의 닭을 우연히 짓밟지 않도록 돼지들을 막는 일 외에 여러분이 할 수 있는 것은 없다.

그런데 잠깐, 이건 또 뭐지? 어딘가에서 온 똥 무더기가 또 하나 뒤뜰을 어슬렁거리나 본데…….

훈자는 겉옷을 벗고 슬그머니 단순무식 마트 안으로 들어온다. 그는 근심에 싸여 있다. 다 그럴 만한 이유가 있다. 그의 숙소가 다른 야만인들의 동굴에서 나온 길들이 서로 만나는 교차로 바로 옆이었던 것이다. 그는 텐트를 옮기고 싶지만 안타깝게도 말뚝을 뺄 만큼 힘이 세지 않았다. 그런데 우르굼과 문고이드, 그리젤다가 무기들을 잔뜩 쌓아 둔 지금, 그들이 서로를 공격하는 것은 시간 문제이고 그렇게 되면 그는 한가운데서 꼼짝달싹 못하게 된다. 물론, 캔슬 대위한테 부탁해서 평화를 지켜 달라고 할 수도 있겠지만…….

이젠 그것도 글러먹었다. 훈자는 황급히 회반죽, 알약, 물약 등을 파는 매대로 가서 자기가 가진 모든 돈을 쓰기로 계획했다. 거기는 날카롭거나 폭발성의 무기는 없지만 단순무식 마트에서 가장 으스스한 곳이다. 훈자는 건강마녀가 나타나기를 기다리다가, '당신의 운세' 기계를 보더니 궁금증을 참지 못하고 2그로트를 집어넣었다.

마침내 건강마녀가 나타났다. 그녀는 '마법의 상처 봉합 풀'이라는 새 약을 막 조제해 왔다. 훈자에게는 꼭 필요한 약 같았다. 그런데 가격이 만만치 않았다.

훈자는 이미 2그로트를 써 버렸기 때문에 그 풀을 한 통밖에 살 수 없었다. 그는 쐐기풀 고약 6개를 사는 데 남은 돈을 죄다 쓰기로 했다. 쐐기풀 고약 한 개의 가격은 마법의 상처 봉합 풀보다 17그로트가 싸다.

놀랍게도 여기서 우리는 훈자가 가지고 있었던 원래 돈의 액수도 계산할 수 있다. 훈자의 돈을 'H'라고 해 보자.

무엇보다도, 우리는 식을 만들어서 마법의 풀 가격이 얼마인지 알아내야 한다(식이란 약간의 수와 뭔가를 나타내는 문자의 묶음을 말한다). 풀 한 통의 값은 훈자가 가져온 액수의 절반이므로, 풀 가격을 $\frac{H}{2}$로 나타낼 수 있다.

고약 한 개의 가격은 풀의 가격보다 17그로트 싸므로 고약 값을 나타내기 위해 또 하나의 식을 만들 수 있다. ($\frac{H}{2}-17$). 각 항들을 한 덩어리로 묶기 위해 괄호를 사용했다는 점을 주목하자. 이렇게 하면 고약 6개의 가격은 $6(\frac{H}{2}-17)$라고 할 수 있다.

그렇다면 훈자가 마법의 풀과 고약 6개를 샀을 때 그가 낸 돈의 총액은 다음과 같다.

$$\frac{H}{2} + 6(\frac{H}{2}-17)$$

그런데 계산대로 갈 때 그가 가지고 있었던 돈은 얼마일까? 그는 원래 H를 들고 가게에 들어갔지만 운세를 보느라 2그로트를 썼다! 즉 계산대로 갈 때 그의 수중에는 $(H-2)$그로트만 남아 있었으며 그 돈을 건강마녀한테 낸 것이다. 그러므로 최종 방정식은 다음과 같다.

$$(H-2) = \frac{H}{2} + 6(\frac{H}{2}-17)$$

좀 지저분해 보이지만, 여기서 처음 훈자가 지녔던 돈의 액수를 알아내기 위해 밝혀야 할 미지수는 하나뿐이다. 비결은 모든 것을 순서에 맞춰서 하라는 것이다.
- 괄호 안의 것들을 간단히 한다.
- 곱셈을 해서 괄호를 없앤다.
- 같은 항끼리 같이 묶는다(그리고 미지수는 모두 왼쪽 변으로 옮긴다).
- 할 수 있는 것은 전부 간단히 한다.
- 왼쪽 변에 'H' 하나만 남도록 가능한 방법을 모두 동원한다.

$(H-2) = \frac{H}{2} + 6(\frac{H}{2} - 17)$ 우선, 괄호 안에서 간단히 할 수 있는 것이 있는지 보자. 불행히도 없다. 그렇다면 곱셈으로 괄호를 펼친다. $(H-2)$ 괄호는 따로 표시된 계수가 없으므로 계수는 +1이다. 즉 그냥 괄호를 없애 버릴 수 있다. 두 번째 괄호는 계수가 +6이므로 $\frac{H}{2}$와 -17에 +6을 곱해 준다. 그리고 'H'가 들어 있는 것을 모두 한 변으로 몰고 나머지 다른 수들을 다른 한 변으로 옮겨 넣자.

$H - 2 = \frac{H}{2} + \frac{6H}{2} - 102$

변을 옮길 때는 항상 부호가 바뀐다는 사실을 명심하도록!

$H - \frac{H}{2} - \frac{6H}{2} = -102 + 2$ 여기서 H항 밑에 있는 2들이 눈에 거슬리니까 양쪽 변에 2를 곱해서 분수를 없애 버리자.

$2 \times H - 2 \times \frac{H}{2} - 2 \times \frac{6H}{2}$
$= -102 \times 2 + 2 \times 2$

와우, 멋진걸! 여기서 분수를 보면 분자와 분모 모두에 2가 들어 있다. 그러니 이 2들을 지우면 인생이 훨씬 편해진다.

$2H - H - 6H = -204 + 4$

야호! 분수가 사라졌다! 이제 같은 항을 간단히 할 수 있다.

$-5H = -200$

별로 나쁘지 않은데. 다만 음의 부호가 좀 걸린다. 양쪽 변에 -1을 곱해 주면 어떨까?

$5H = 200$

좋았어. 이러니까 훨씬 낫잖아! 마지막으로 양변을 5로 나누어 주자.

$H = 40$

결국 훈자가 가져온 돈은 40그로트였어.

꽤 복잡해 보이지만 그건 여러분이 확실하게 이해하도록 일일이 모든 단계를 거쳤기 때문이다. 스스로 똑똑하다고 생각하는 사람은 마법의 상처 봉합 풀 가격이 20그로트이며 쐐기풀 고약은 한 개에 3그로트라는 것까지 계산해 봐도 좋다. 하지만 지금까지 꽤나 어려운 문제를 풀어 왔으니까, 다음 장으로 그냥 넘어가도록 하자.

대수의 아버지

지금까지 이 책을 계속 읽고 있다면 여러분은 정말 대단하다! 앞의 장에서 우리가 설명한 것은 대수의 중요한 기초들인데 보통사람이 이걸 배우려면 몇 년씩 걸린다. 여러분은 그걸 46쪽으로 다 끝낸 것이다. 그러니 여기서 한숨 돌리면서 대수를 창안한 것으로 알려진 사람을 잠깐 만나고 가는 게 어때?

때는 고대 그리스. 그 시대 사람들은 수수께끼 비슷한 문제를 풀면서 노는 걸 좋아했다. 이를테면 "어떤 수를 세제곱한 것에 1을 더하면 또 다른 어떤 수의 제곱과 같다. 그 두 수가 뭘까?" 하는 수수께끼 말이다. 문제를 이해하기도 어려운데 답을 찾으려고 애쓸 필요는 없다! 다행히도 그 수를 이렇게 쓴다면 좀 더 이해하기 쉽겠지. $p^3+1=q^2$

여러분이 알아내야 할 것은 p와 q에 해당하는 수이다. 설사 여러분이 이 문제를 풀지 못한다고 해도, 적어도 그 문자와 부호들은 여러분이 무엇을 구해야 하는지 아주 분명히 말해 주고 있다.*

* 답 : 이 사이 들을 수 좋지 $p=2$, $q=3$쯤이다.

문자와 여러 기호를 사용해 수학 문제를 나타내는 것은 이집트 알렉산드리아에 살았던 그리스의 수학자 디오판토스가 고안했다. 디오판토스에 관한 재미있는 사실은 그가 언제 살았는지 확실히 알 수 없지만(서기 200

디오판토스

대수의 아버지

년에서 300년 사이로 여겨진다) 그가 얼마나 오래 살았는지는 정확히 알 수 있다는 것이다. 디오판토스를 존경하던 한 제자는 그리스인들이 좋아했던 수수께끼 문제로 그의 삶을 이렇게 묘사했다.

대체 이게 무슨 말이람?

어…… 그게 아니다. 이 수수께끼는 디오판토스가 얼마나 살았는지 말해 주고 있다. 하지만 그것을 알아낼 방법은 모든 정보를 방정식으로 바꾸는 것밖에 없다.

우선 디오판토스가 산 햇수를 'D'라고 하자. 그의 어린 시절은 생애의 $\frac{1}{6}$이므로 이렇게 나타낼 수 있다. $\frac{D}{6}$

또 생애의 12분의 1이 지났을 때 수염을 기르기 시작했으니
까 이것은 $\frac{D}{12}$
다시 7분의 1이 지났을 때 결혼했으니까 $\frac{D}{7}$
그리고 5년이 지나서 아들이 태어났으니까 5
아들은 디오판토스의 꼭 절반만큼 살았으므로 $\frac{D}{2}$
그리고 그 후 4년을 더 살았으니까 4
이 모든 것을 합하면 디오판토스의 나이, 즉 우리가 D 라고 나
타낸 것을 구할 수 있다. 그럼 이것을 방정식으로 나타내 보자.

$$\frac{D}{6} + \frac{D}{12} + \frac{D}{7} + 5 + \frac{D}{2} + 4 = D$$

그런데 분모에 무슨 수들이 저렇게 많담. 어휴! 만약 《수학이
자꾸 수군수군 - 분수》 편에서 '사나이의 의리와 최소공배수'
를 읽은 사람이라면 어렵지 않게 분모 6, 12, 7, 2의 최소공배
수를 구하고 그 수로 눈에 보이는 모든 항을 곱했을 것이다. 그
렇지만 아직 못 읽은 사람도 걱정할 필요가 없다. 우리는 강인
한 체력과 끈질긴 승부욕으로 무작정 들이댈 생각이니까.
이런 방정식이 있다면 분모에서 가장 큰 수를 찾아 그것으로
모든 항을 곱해 준다. 분모 중 가장 큰 수 12를 곱해 주면

$$2D + D + \frac{12D}{7} + 60 + 6D + 48 = 12D$$

나쁘지 않군! 그런데 모든 것이 지워졌는데(예를 들어 첫 번째
항은 $\frac{12 \times D}{6}$ 에서 약분되어 $2D$ 가 되었다.) 보기 흉하게도 $\frac{12D}{7}$ 란 분
수가 아직 남아 있다. 이 분수를 없애기 위해 모든 항에 7을 곱

해 주면 되겠지만 노력을 아끼기 위해서 우선 식을 간단히 하는 것부터 시작하자. 우선 좌변을 정렬시켜 볼까?

$$2D + D + 6D + \frac{12D}{7} + 60 + 48 = 12D$$
$$9D + \frac{12D}{7} + 108 = 12D$$

이번에는 D항을 한쪽으로 몰아넣자.

$$108 = 12D - 9D - \frac{12D}{7}$$

이것은 $108 = 3D - \frac{12D}{7}$가 된다.
이제 항이 세 개 남았으므로 분수를 없애기 위해 모든 항에 7을 곱한다.
$756 = 21D - 12D$, 이것을 계산하면……
$756 = 9D$
양변을 바꾸고 다시 9로 나누어 주면
$D = 84$
휴우!
그러니까 디오판토스는 84년을 산 것이다. 그 시대 사람치고는 오래 살았지. 왠지 대수가 건강에 좋을 것 같다는 생각 안 들어?

쭉쭉 늘어나는 실수

방정식의 양변을 똑같이 취급할 때는 항상 주의해야 할 점이 있다. 예를 들어 1미터는 100센티미터이므로 1m=100cm라고 쓸 수 있다. 그런데 이 방정식의 양변을 제곱해 주면 어떻게 될까? $(1m)^2=(100cm)^2$이 되어 결국 1m=10,000cm가 된다. 하지만 1만 센티미터는 분명 1미터가 아니라 100미터 맞지? 뭐가 잘못된 걸까?

이 규칙을 명심하면 위와 같은 실수를 피할 수 있다! 한 변에 미터를 쓰고 다른 한 변에 센티미터를 쓰는 짓은 하지 말아야 한다.

대수는 어떻게 대수가 되었을까?

대수(代數)는 수를 문자로 대신한다는 뜻이다. 영어로는 algebra(발음은 앨지브러)라고 한다. 디오판토스가 84세에 죽고 나서 한참 후, 대수는 아랍 지역에서 엄청난 발전을 이루었다. 거기서 대수는 '복원과 균형'이라는 뜻으로 불렸다. 1200년 전에는 알 콰리즈미라는 아주 똑똑한 수학자이자 천문학자가 대수를 크게 발전시켰다. 그는 처음으로 방정식과 문자, 부호들을 '알 자브루(al-jabru)'라고 불렀다. 아랍어로 알 자브루는 '복원'을 뜻한다. 앨지브러란 말이 어디서 나온 건지 이제 알겠지?

참고로 '바나나'라는 말은 손가락을 뜻하는 아랍어 '바난(banan)'에서 나왔다고 한다. 아무래도 우리 〈앗! 시리즈〉는 정말 다양하고 유익한 내용들을 다루고 있단 말이야, 안 그래?

싸기(인수분해)와 풀기

포그스워스 영지 사람들이 기쁜 마음에 다들 들떠 있다. 바야흐로 사교계의 주요 인사들이 가든파티며 오페라 감상, 영화 시사회, 폴로 경기 등 따분하고 번잡스러운 일상에서 벗어나 모처럼 휴식을 취할 수 있는 여름휴가가 다가온 것이다.

이들은 이틀 정도 브라운풀 바닷가에서 호사스런 휴가를 즐기게 되었다.

그럼 프림로즈 양이 어떻게 짐을 싸고 있는지 들여다볼까?

짐이 단출하면 짐 싸기는 아주 간단하다. 수학에서도 마찬가지이다. 아래의 헐렁한 항을 보자.

$$6p^2 - 8p + 12dp$$

이것을 인수분해해 보자. 인수분해란 항들을 괄호로 묶어서 되도록 간단하게 싸는 것을 뜻한다. 중요한 점은 우선 모든 항을 나눌 수 있는 것이 있는지 살펴보는 것이다. 여기서는 모든 항이 2로 나누어진다는 걸 알 수 있다. 이거 근질근질해서 참을 수 없는걸. 일단 각 항을 2로 나눈 다음, 그 결과를 괄호로 묶어 정리하고 그 앞에 2를 써 준다. 요렇게 말이지. $2(3p^2 - 4p + 6dp)$
  괄호 안의 항들을 자세히 보니 모두가 적어도 'p'를 하나씩 가지고 있다. 그렇다면 다시 이걸 간단히 할 수 있다. $2p(3p - 4 + 6d)$
  이제 어떤 것으로도 모든 항을 나눌 수 없게 되었으므로 다 된 것이다. 확실히 괄호를 전개(묶었던 괄호를 푸는 것)하는 것은 쉽다! 그냥 괄호 앞의 $2p$를 괄호 안의 모든 것에 곱해 주기만 하면 되니까.

$$2p(3p-4+6d)=2p\times 3p-2p\times 4+2p\times 6d$$
$$=6p^2-8p+12dp$$

괄호 하나를 가지고 산다는 건 가방 하나를 들고 여행하는 것과 같다. 싸는 것도 푸는 셋만큼 간난하다. 물론 여행 도중에 쇼핑을 하지 않는다면 말이다. 만약 쇼핑을 했다면 가방 싸기가 좀 더 복잡해진다.

만약 여행가방이 두 개라면 문제는 조금 달라진다. 적어도 가방 풀기는 늘 쉬울 것이다. 공작부인과 대령이 별장에 도착했을 때에도 그와 같은 일이 벌어졌다.

두 개의 괄호를 푸는 것도 그와 비슷하다. 다음을 보자.
$(f+2)(f+5)$

깔끔해 보이지? 이처럼 두 개의 괄호가 서로 붙어 있으면 곧 그 괄호들을 함께 곱해야 한다는 뜻이므로 $(f+2) \times (f+5)$를 계산해야 한다. 반드시 첫 번째 괄호 안의 모든 것을 두 번째 괄

호 안의 모든 것에 곱해 주도록 한다. 그렇게 곱할 때 가장 안전한 방법은,

- 첫 번째 괄호를 열어 'f'와 '$+2$'를 꺼낸다. 그 다음에 이 두 개를 모두 두 번째 괄호에 곱한다. 그럼 이렇게 돼야겠지? $f(f+5)+2(f+5)$
- 곱하기를 하면서 괄호를 펼친다. $f^2+5f+2f+10$
- 같은 항끼리 간단하게 만든다. 여기서 동류항은 $+5f$와 $+2f$, 그러니까 $f^2+7f+10$이 된다.

여기서는 큰 문제가 없다. 그러나 재미있는 것은 이 모든 것을 다시 싸려고 할 때이다. 여러분은 $f^2+7f+10$에서 세 항을 모두 나눌 수 있는 무엇인가를 찾으려고 애쓰겠지만 뾰족한 수가 없다. 기껏해야 $f(f+7)+10$인데 아무래도 맘에 들지 않는다. 만약 이것을 모두 도로 싸 넣을 생각이라면 괄호가 두 개 필요할 것이다. 이 대목에서 두 개의 여행가방 문제가 생각나는군······.

두 개의 여행가방을 쌀 때 가장 힘든 부분은 어떤 물건을 어느 가방에 넣을지 정확히 정리하는 것이다. 이상하지만 두 개의 괄호로 쌀 때에도 똑같은 문제가 생긴다.

2차식

항상 두 개의 괄호가 있어야만 정리해서 쌀 수 있는 특별한 식이 있다. 이것을 2차식이라고 하는데 세 개의 항을 가진다. 2차항과 1차항 그리고 상수.

$f^2+7f+10$은 2차식이다. 여기서 우리가 어떻게 정리하면 좋을지 말해 줄 단서들을 검토해 보자.

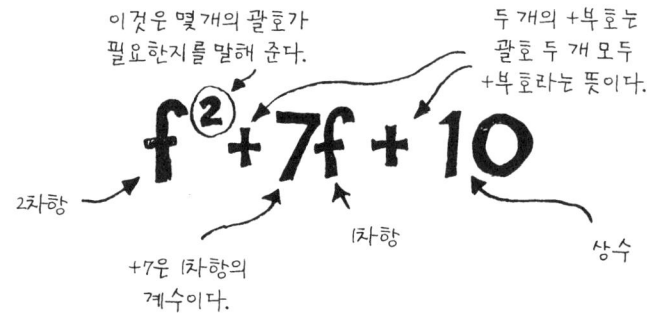

괄호가 두 개 필요하다는 것을 알았으니 시작하기 전에 괄호부터 미리 그려볼까? ( )( )

2차식에서는 괄호마다 항상 문자로 된 한 개의 미지항이 들어간다. 이 식에서 미지항은 f이므로 각 괄호에 하나씩 넣는다. (f)(f)

이제 새로운 발명품을 가동시킬 차례가 되었다.

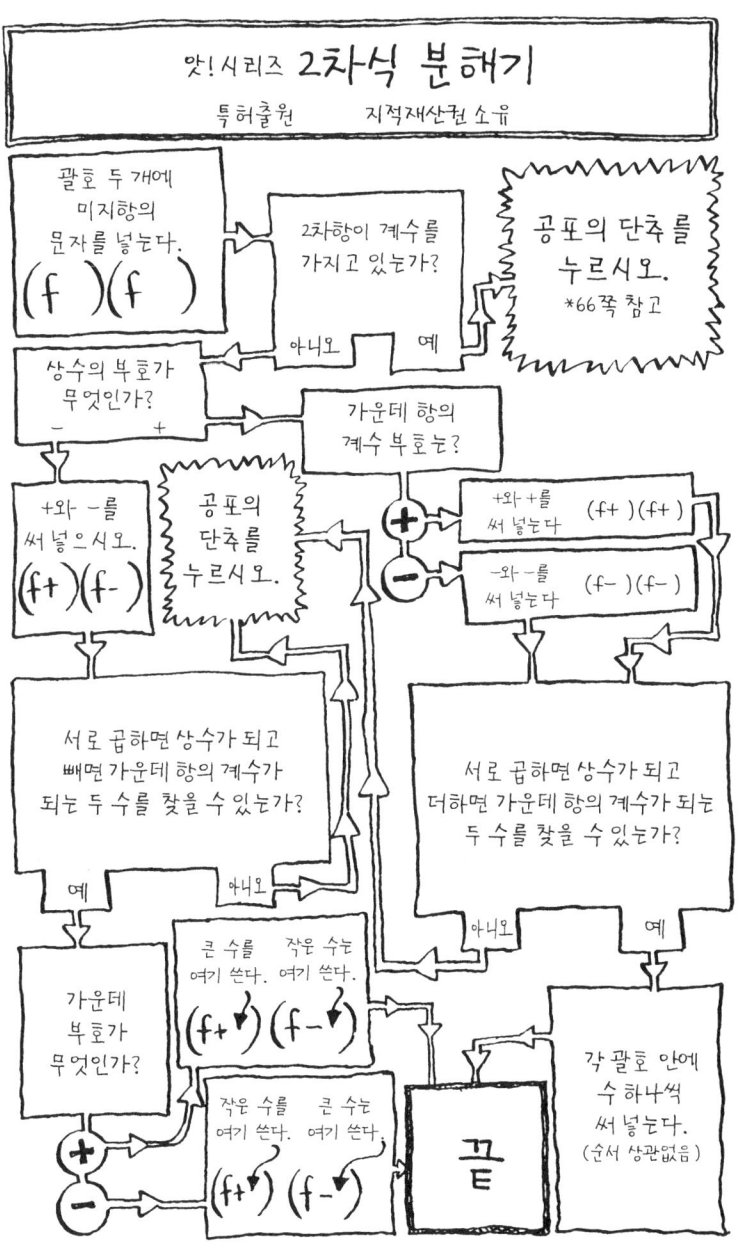

과거에는 지긋지긋했던 2차식이 첨단기술 덕분에 이제는 유쾌한 오락거리가 되었다. 여러분이 $f^2+7f+10$을 이 분해기에 집어넣는다면 여러분은 순식간에 $(f+\ )(f+\ )$라고 쓰게 될 것이다.

그 다음 지시는 곱해서 10이 되고 더해서 7이 되는 두 수를 찾으라는 것이다. 그거야 간단하지. 5×2=10이고 5+2=7 아닌가. 이 두 수를 찾았다면 이것을 괄호 안에 집어넣으면 빙고! $(f+2)(f+5)$ 이것이 답이다.

그렇다면 우리가 모르는 식을 분해기에 넣어 보자. $g^2+4g-21$을 해 볼까? 분해기를 사용하면 금세 $(g+\ )(g-\ )$라고 쓴 자신을 발견하게 될 것이다. 다음에는 곱해서 21, 빼서 4가 되는 두 수를 찾아야 한다.(주의 : 이 분해기는 계수와 상수의 부호를 자동으로 처리하므로 21 앞의 마이너스 부호는 무시해도 된다.) 곱해서 21이 되는 건 7×3뿐인데 다행히도 7-3=4이다. 바로 이거로군! 가운데 항의 계수가 +이므로 7을 +가 있는 괄호에 넣으면 된다. 그 결과는 $(g+7)(g-3)$.

다음의 식들은 여러분이 풀어보도록.

$b^2-6b-27$ j^2-4j+3 $k^2+14k-32$

여러분이 푼 세 문제 중 맞는 답이 하나라도 있는지? 그렇다면 여러분의 싸기 실력은 크로크 집사의 실력보다 훨씬 낫다.

답 : $(h+3)(h-9)$, $(j-1)(j-3)$, $(k+16)(k-2)$

하나의 방정식에 두 개의 답이 있을 때

진도를 계속 나가기 전에 잠깐. 〈앗! 시리즈〉 협회 임원들이 이 책에서 이 부분을 처음 보았을 때 회의실에서 약간의 분쟁이 벌어졌다. 무슨 일인지 궁금하지 않아?

맞다. 다음 부분은 좀 힘들지만 〈앗! 시리즈〉를 꾸준히 읽어 온 독자라면 왜 이 부분이 포함되었는지 알 것이다. 설사 여러분이 잘 이해하지 못한다고 해도 다음 쪽을 활짝 펼친 채 누군가의 앞에 슬쩍 떨어뜨려 보기 바란다. 그 사람이 책을 집어 들어서 여러분이 읽고 있었던 2차방정식 부분을 본다면 여러분을 굉장히 똑똑한 학생으로 생각할 것이다. 여러분은 다른 대가를 치르지 않고도 최고의 신용을 얻게 된다. 사실 그렇게 할 수 있는 책은 많지가 않다.

2차방정식은 보통 우변이 0인 방정식으로 등장한다. 이렇게

말이다. $f^2+7f+10=0$

여러분이 궁금해할까 봐 일러 두는데, 이런 종류의 방정식은 공중에 뭔가를 쏘아 올리면서 그것이 착륙할 지점을 알아보고 싶을 때 등장한다. 이것이 어떻게 사용되는지를 알고 싶다면 156쪽을 보도록.

2차항이 있긴 하지만 2차방정식은 미지수가 하나밖에 없으므로 방정식을 풀 수 있다. 흥미로운 것은 가능한 답이 두 개라는 것이다! 다시 말해서 f이면서 방정식을 만족시키는 수가 두 개라는 것이다. 방정식 $f^2+7f+10=0$에서 두 개의 답을 찾는 방법은 좌변을 인수분해해서 $(f+5)(f+2)=0$으로 만드는 것이다.

이제 여러분 스스로 생각해 보도록……. 어떤 수이든 0을 곱하면 0이 된다! 그러므로 첫 번째 괄호를 계산해서 0이 되면 두 번째 괄호가 얼마가 되든 상관이 없다. 답은 어쨌거나 0이 될 테니까. 그렇다면 방정식이 성립한다!

그런데 f가 얼마여야만 첫 번째 괄호의 값이 0이 될까? 이것으로 작은 방정식을 만들어 본다면 $f+5=0$, 결국 $f=-5$이다. 이제 이 값이 전체 방정식을 만족시키는지 확인해 보자.

우선 $f^2+7f+10=0$에서, f 대신 -5를 넣어 보자. $(-5)^2+7\times(-5)+10=0$

$25-35+10=0$, 되네!
그런데 두 번째 괄호가 0이라고 가정해 보자. 첫 번째 괄호가 얼마이든 상관없다. 이 경우 $f+2=0$, 따라서 $f=-2$이다. 이걸 대입해 보면,
$(-2)^2+7\times(-2)+10=0$
$4-14+10=0$
이것도 되잖아!
그러므로 이 방정식에서 두 개의 답은 $f=-5$ 또는 -2이다!

공포의 단추

가끔은 우리의 2차방정식 분해기에서 답이 나오지 않을 때도 있는데, 그건 두 가지 이유 때문이다.

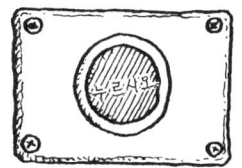

● 2차항은 계수를 가지고 있다(+1뿐만 아니라). 예를 들어, $12m^2-7m-10=0$이라는 방정식이 있다. 여러분이 슈퍼 수학 두뇌의 소유자라면 이걸 계산해서 $(4m-5)(3m+2)=0$을 만들 수 있을 것이다. 그러면 $m=\frac{5}{4}$ 또는 $-\frac{2}{3}$가 된다. 그러

나 그런 두뇌가 없다고 한다면? 분해기의 지시에 따라 옳은 부호를 써 넣을 수 있겠지만 괄호 안의 수를 알아맞히기란 쉬운 일이 아니다.
- 여러분은 아무리 애써도 괄호 안에 들어갈 수를 생각해 내지 못한다. 가끔은 모든 수를 뒤져도 답이 되는 것이 없을 때도 있기 때문이다!

이런 문제에 부딪힌다면 책상 밑으로 손을 뻗어 공포의 단추를 누를 것!

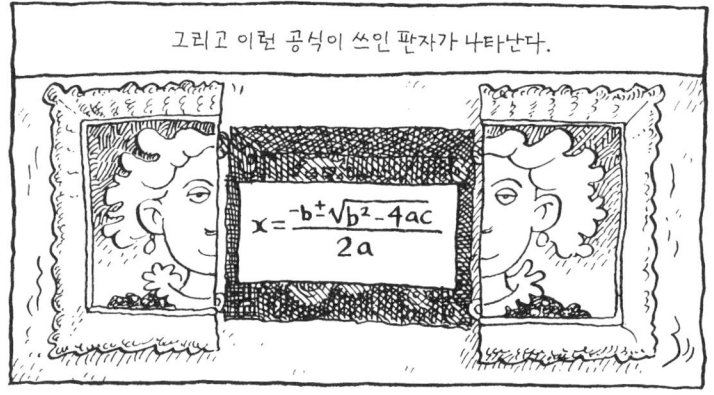

이것은 어떤 2차방정식도 풀어내는 근의 공식이다. 여기서 간편한 것은 플러스 또는 마이너스를 뜻하는 ±라는 부호이다. 이제 이 슈퍼스타 근의 공식을 사용하면 방정식에서 두 개의 답을 구하게 된다. 사실 이건 하나는 '+' 부호를, 하나는 '−' 부호를 가진 두 개의 공식과 같다.

$$x = \frac{-b + \sqrt{b^2 - 4ac}}{2a} \text{ 또는 } x = \frac{-b - \sqrt{b^2 - 4ac}}{2a}$$

참, 그런데 여러분 책상 밑에도 공포의 단추가 있겠지? 뭐, 없다고? 이를 어쩐다…… 그건 반드시 있어야 하는 거야! 뭐, 여러분은 〈앗! 시리즈〉의 소중한 독자이니까, 문제를 풀 수 있게끔 우리가 공포의 단추 설치기사를 보내 주기로 하겠다.

기사가 오면 들어오게 하고 단추를 설치하게 놓아두도록. 그동안 이 공식의 사용법을 알아보자.

여러분이 풀어야 할 문제의 방정식이 $ax^2+bx+c=0$이라고 상상하고 이것이 우리의 방정식 $f^2+7f+10=0$에 어떻게 적용되는지 확인해 보자.

'x'는 방정식에서 미지수이므로 이 공식에서 'x'를 'f'로 바꾸면 된다. 계수인 'a'와 'b' 그리고 'c'는 좀 더 중요하다. 'a'는 f^2의 계수이므로 $a=+1$이다. 'b'는 가운데 항의 계수이므로 $b=+7$이다. 'c'는 끝에 있는 상수이므로 $c=+10$이다. 이 값들을 공식에 대입해 보자.

❌ 주의! 거의 모든 사람들이 저지르는 실수가 있다. 공식의 첫 부분이 '$-b$'임을 기억하고 반드시 마이너스 부호를 써 넣는 것을 잊지 말도록!

계속해 보면

$$f = \frac{-7+\sqrt{7^2-4\times1\times10}}{2\times1} \text{ 또는 } \frac{-7-\sqrt{7^2-4\times1\times10}}{2\times1}$$

휴우! 숫자들이 보이면 항상 마음이 좀 놓인다, 그렇지? 여기서 공포의 단추 공사가 어떻게 되어가고 있는지 잠깐 확인해 보자.

모든 게 순조로운 것 같군. 그렇다면 저 숫자들을 처리해야지. 우선 근호($\sqrt{}$) 안에 있는 것부터 계산하자.

$$f = \frac{-7+\sqrt{49-40}}{2} \text{ 또는 } \frac{-7-\sqrt{49-40}}{2}$$

$$f = \frac{-7+\sqrt{9}}{2} \text{ 또는 } \frac{-7-\sqrt{9}}{2}$$

$$f = \frac{-7+3}{2} \text{ 또는 } \frac{-7-3}{2}$$

$$f = \frac{-4}{2} \text{ 또는 } \frac{-10}{2}$$

이것을 보면 우리가 앞서 계산한 것과 똑같은 답이 나온다. $f = -2$ 또는 -5.

설치기사가 이제 여러분 증조할머니의 초상화를 달고 있군. 그 다음엔 전선을 연결하는 일이 남았으니까, 우리는 그동안 진짜 까다로운 $12m^2 - 7m - 10 = 0$이라는 방정식에 이 공식을 대입해 보자.

이 식에서 $a = +12$, $b = -7$, $c = -10$이므로 이 수를 대입한다.

$$m = \frac{+7 \pm \sqrt{(-7)^2 - 4 \times 12 \times (-10)}}{2 \times 12}$$

여기서는 $\pm$ 부호를 그대로 두고 조금 있다가 $+$와 $-$로 떼어 놓기로 하자. 한편 여러분은 '$-b$'의 자리에 '$+7$'을 놓은 것을 보았을 것이다. 이것은 $b=-7$이므로 $-b=-(-7)$, 즉 $+7$이기 때문이다. 이 비열한 $+$와 $-$부호를 정말 조심해야 한다.

이제 숫자들을 처분할 차례다.

$$m = \frac{+7 \pm \sqrt{49+480}}{24} = \frac{+7 \pm \sqrt{529}}{24} = \frac{+7 \pm 23}{24}$$

이제 $\pm$부호를 $+$와 $-$로 분리하면 두 개의 답이 나온다.

$$m = \frac{+7+23}{24} \text{ 또는 } \frac{+7-23}{24}$$

$$m = \frac{30}{24} = \frac{5}{4} \text{ 또는 } \frac{-16}{24} = -\frac{2}{3}$$

결국 $12m^2-7m-10=0$에서 $m=\frac{5}{4}$ 또는 $-\frac{2}{3}$이다.

(보통 2차항이 계수를 가질 때에는 답이 분수일 경우가 많다.)

여러분한테는 좀 어려운가?

드디어! 공포의 단추 설치 작업이 끝나가고 있다. 마지막 전선 몇 개만 연결하면 작동이 될 것이다. 신나지? 이게 얼마나 자주 필요한지 알면 놀랄걸. 가끔 2차방정

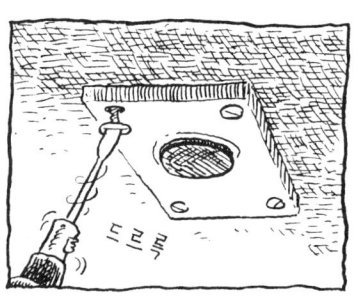

식에는 우리가 방금 보았던 분수보다도 더 지저분하게 생긴 답들이 있기 때문이지.

지저분한 답들

2차방정식의 공식을 보면 여러분이 계산해야 하는 것 중에 $\sqrt{b^2-4ac}$가 있다. b^2이 $4ac$의 값보다 크면 별문제가 없지만 $5x^2+4x+4=0$이라는 방정식의 경우엔 어떨까? 여기서 $a=+5$, $b=+4$, $c=+4$이므로 근호 안의 값은 $\sqrt{16-80}$이 되어 $\sqrt{-64}$가 된다. 이거야말로 전등이 깜박거리고 고양이가 굴뚝 속을 기어오를 정도로 무시무시한 소리다. 왜냐하면 음의 제곱근이 필요하다는 말이기 때문이지. $\sqrt{-64}$의 답은 $+8$이 아니다. $(+8)^2=+64$이니까. -8도 답이 아니다. $(-8)^2$ 역시 $+64$이기 때문이다.

답이 있기는 하다. 그렇지만 평범한 수는 포기해야 한다.

$\sqrt{-64}=\pm 8i$가 그것이다. 작은 'i'는 $\sqrt{-1}$을 나타내는 상상 속의 허수이다. 'i'에 관해 좀 더 알고 싶은 사람은 《이상야릇 수의 세계》편의 설명을 볼 것.

어쨌거나 이 방정식을 끝까지 풀어 보면 두 개의 답이 나온다. $x=\frac{-4\pm 8i}{10}$ 즉 $x=\frac{2+4i}{5}$ 또는 $\frac{2-4i}{5}$이다.

이제 만족해?

(여러분이 스릴을 좇는 순수한 수학자라면 분자를 인수분해해서 $x=\frac{2(1+2i)}{5}$ 또는 $\frac{2(1-2i)}{5}$라고 할 수도 있다. 어디서든 재미를 찾아내는 사람들이 있게 마련이지.)

다행스러운 것은 여러분이 사탕 몇 개의 값을 계산할 때, 또는 중력이 갑자기 거꾸로 작용해서 카펫을 깔기 위해 천장의 치수를 잴 때는 절대 이런 계산이 필요하지 않다는 것이다. 이런 계산의 비밀은 어떻게 그것을 푸느냐가 아니라 어떻게 그것을 피하느냐이다!

좋았어! 기사 아저씨가 일을 막 끝냈는데 정말 깔끔하게 처리해 주셨다. 아저씨가 나가자마자 새로운 공포의 단추를 시험해도 된다. 그 전에 다음의 두 방정식을 보자.

$$x^2-x+12=0 \qquad x^2-x-12=0$$

숙달되지 않은 사람이 보면 두 식이 거의 똑같을 것이다. 그러나 하나는 끝내 주게 간단하고 하나는 끝내 주게 복잡하다! 어느 것이 더 간단할까?

답 : $x^2-x-12=0$이 간단한 쪽이다.
이것은 $(x+3)(x-4)=0$이므로 x는 $+4$ 또는 -3이다.
그러나 $x^2-x+12=0$이라면 꽤 빠른 속도로……
이 방정식에서 x의 값은 $\dfrac{1+\sqrt{47}i}{2}$ 또는 $\dfrac{1-\sqrt{47}i}{2}$이다.

이 세상에서 그 답의 끔찍한 의미에 관해 곰곰이 생각할 사람은 없을 것이다. 그런데 어떤 사람들은 실제로 그것에 관해 생각을 한다. 심지어 그걸 즐기는 사람들도 있다!

거의 똑같은 두 개의 방정식에서 그렇게 다른 답이 나올 수 있다는 사실이 믿기지 않겠지. 맞지? 확인해 보고 싶다고? 좋다, 정 알고 싶다면…… 새로 설치한 공포의 단추를 누를 것!

아니, 저건 원수 같은 찰거머리 박사가 아닌가. 게다가 이번에도 악마 같은 문제를 들고 오다니! 〈앗! 시리즈〉 설치기사로 변장해서 여러분 책상 밑에 공포의 단추 대신 '박사 호출 단추'를 장치한 게 분명하다. 하지만 자, 침착해야지.

여러분은 이렇게 말한다. "아까 이 방에서 몰래 전선이랑 모터들을 장치한 사람이 박사님이군요?"

"그렇다고 할 수 있지." 박사는 킬킬거린다. "넌 눈곱만치도 의심하지 않았지. 덕분에 난 이렇게 다시 악마의 문제를 들고 왔어."

여러분은 다시 물어본다. "박사님이 여기 오셔서 몇 시간 동안 망치질하고 구멍을 뚫고 심지어 청소까지 하셨단 말씀이에요?"

"그럼." 박사는 자랑스레 대답한다.

"그게 모두 다시 나타나서 악마의 문제를 내려고 한 일이라는 거예요?"

"그렇다니까."

"처음부터 저한테 문제를 내시면 될 것을, 왜 힘들게 그런 공사를 하셨어요?"

"그건……." 박사는 할 말을 잃는다. 그 생각을 미처 못 했기 때문이다. 그는 급하게 얇은 종이 한 장을 여러분 코앞에 들이민다. "지금은 네가 웃을지 모르지만 두고 보라지! 지금 넌 방정식을 조금 안다고 생각하겠지? 그렇다면 이 방정식도 풀 수 있을 것 같으냐?"

$$(9+z)(1+z) = 6 + 7z + z^2$$

"박사님, 낮에 뭐 잘못 드셨군요?" 그 종이를 힐끗 보고 난 여러분이 대꾸한다. "박사님도 계산을 잘못 할 때가 있군요. 괄호를 곱해서 전개하면 $9+10Z+Z^2$이잖아요. 그렇게 쉬운 걸 틀리시다니요."

"틀렸다는 건 나도 알아!" 박사는 소리를 빽 지른다. "바로 그게 문제라니까! 이번 문제는 이 방정식을 고쳐 올바르게 만들라는 거야. 안 그랬다간 다음에 또 나타나서 몇 시간씩 쓸데없이 공사한 뒤에 청소기도 안 놀리고 그냥 가 버릴 테니까!"

'생각만 해도 끔찍해.' 여러분이 이렇게 생각하는 순간, 박사의 코에서 땀방울이 떨어지고, 그 땀방울이 책상 위에 튀긴다. 어쩐지 지금은 그를 붙잡아 두고 청소는 나중에 하는 게 좋겠다는 생각이 든다!

"아주 간단할 것 같네요." 여러분은 자신 있게 말하며 연필을 집어 든다.

"잠깐!" 박사는 차갑고 축축한 손으로 여러분의 손목을 잡는다. 거대한 해삼이 손을 훑는 듯한 기분이 든다. "악마의 규칙을 마저 들어야지!"

정말 악마 같군. 그렇다면 방법은 단 하나. 그 방정식을 다른 종이에 옮겨 적고 박사의 문제를 풀어 보는 것뿐이다!

한편 박사는 거드름 피우며 방을 오락가락하면서 자기 혼자 좋아서 죽겠다는 표정이다.

"하하! 내가 봐도 내가 얼마나 대견한지 몰라. 이 기분을 넌 상상도 못 할 거야. 지금 너는 웬만한 수학 문제쯤은 풀 수 있을 거라 생각하지? 천만에, 어림도 없어! 지금 이 순간 2차방정식 공식 따위는 별 소용 없을걸, 안 그래? 왠지 알아? 왜냐하면 비극적이게도……."

여러분은 박사가 어슬렁거리게 놓아둔다. 여러분이 책상 밑에서 조용히 공포의 단추 덮개를 벗기고 있다는 사실을 박사는 까맣게 모르고 있기 때문이지. 놀라운 손재주로 여러분은 그 안에 손을 넣어 전선을 거꾸로 연결한다.

"어때?" 박사가 거드름 피우며 말한다. "인정하시지. 너의 공식은 완전히 쓸모가 없다는 것을! 그렇게 말할 거지?"

"할 말이 딱 하나 있어요." 여러분은 방금 생각났다는 듯이 태연하게 말한다.

"그래, 그게 뭔데?" 박사가 묻는다.

"안녕히 가세요!"

여러분은 단추를 누른다. 반대로 연결된 전선이 찰거머리 박사를 다시 증조할머니의 초상화 뒤쪽 벽으로 빨아들이더니 초상화가 탁 닫혀 버린다. 박사가 감쪽같이 사라졌다. 증조할머니의 코가 진짜 같아졌다는 점을 제외한다면 말이다. 이크, 게다가 콧물까지…….

어쨌든, 이건 〈앗! 시리즈〉에서 펼쳐지는 파란만장한 삶의 일부이다.

더욱 고약한 방정식들

여러분은 방금 이 책에서 가장 힘든 부분을 지나왔다. 하지만 나는 〈앗! 시리즈〉 독자들이 어떤 사람들인지 잘 알지. x^2이 들어간 방정식쯤은 여러분한테 별거 아니지? 여러분은 좀 더 어려운 걸 원하지? 아마 좀 더 막강한 차수를 지닌 것들, 그러니까 x^3이나 x^4…… 심지어 x^5 같은 걸 풀고 싶어 근질근질할 걸?

미안하지만, 나의 힘으로 여러분을 끌고 갈 수 있는 한계는 2차방정식 전투까지이다. 물론 여러분이 실망한다는 걸 잘 알고 있으므로 잠시 그 이유를 설명하도록 하지. 미리 경고하지만, 이것은 지금까지 한 번도 누설된 적이 없는 일급비밀 정보이다. 그러니 누군가 여러분을 지켜보고 있을 경우에 대비해 그들의 의심을 사지 않도록 나의 '특별 지시'를 따를 것.

수학자들은 수천 년 동안 2차방정식을 공격해 패배시키는 방법들을 알고 있었다. 그중 많은 이들은 음수나 0의 존재를 이해하지도 못했지만 어쨌든 싸우는 방법은 알고 있었다(사실 0 얘기가 나왔으니 말인데, 0이 우주의 존재에 얼마나 큰 위협이 되는지 여러분은 곧 알게 될 것이다).

하지만 2차방정식보다 더 지독한 방정식들도 많다! 3차방정식은 $x^3-4x^2-9x+7=0$처럼 x^3항을 가지고 있다. 16세기 이전에는 3차방정식을 푸는 뚜렷한 해법이 없었으나 16세기에 이탈리아의 수학자 스키피오네 델 페로가 해법을 제시했고 나중에 이것을 니콜로 타르탈리아가 더욱 발전시켰다.

이 해법을 제롤라모 카르다노(Gerolamo Cardano)가 훔쳤는데, 그는 도박과 수학에 대한 열정으로 유명한 사람이었다. 카르다노의 제자인 루도비코 페라리(Ludovico Ferrari)는 나아가 x^4항이 들어간 4차방정식의 해법까지 만들었다.

그 후, 수학자들은 x^6항이 있는 방정식을 풀어 보려고 했지만 일반적인 해법을 찾기가 불가능하다는 것이 증명되었다. 그 답들이 우리 주변을 떠돌아다닌다는 걸 안다는 것과 실제로 그것을 붙잡는 일은 전혀 다르다.

참, 그런데 제롤라모는 비밀리에 팬텀 G로 통했고 루도비코는 팬텀 L로 통했다. 그들은 이 분야의 최고 비밀 요원들이었던 것이다.

그리고 이제 여러분에게 마지막 비밀을 털어놓아야겠다. 내가 팬텀 X로 불리는 이유는 내 이름이 실로폰(Xylophone)이기 때문이다.

마술의 원리

수학이 정말 멋진 이유 중 하나는 마술을 부릴 수 있는 마법의 수가 무궁무진하다는 것이다. 여러분이 그 마법을 알고 있다고 해도 약간의 대수로 직접 풀어 보기 전에는 정말 수수께끼처럼 여겨진다.

22의 마법

메이비스라는 친구한테 써 먹을 만한 멋진 마술을 소개하지 (하지만 절대 이것이 '22'의 마법이라고 말해서는 안 된다).

준비물은
- 연필 한 자루
- 종이 한 장
- 공중곡예 조종사 한 명

마술을 시작하기 전에 조종사에게 조용히 지시사항을 전한다.

그런 다음 메이비스에게 연필과 종이를 건네준다.

메이비스에게 다음과 같이 지시한다.

- 1부터 9까지의 숫자 중 아무거나 세 개를 쓴다(예를 들면 291).
- 그 숫자들로 가능한 두 자리 수 6개를 만든 다음 그것들을 더한다(수 6개를 빠짐없이 만들고 똑같은 수가 없도록 해야 한다).

- 그 다음 처음에 메이비스가 고른 세 개의 수를 더하고 그것으로 앞에서 더한 수를 나눈다(2+9+1=12 그리고 264÷12=22).
- 창밖을 보라!

메이비스가 감동하지 않을 리 없지!

이 마법에서 신기한 점은 메이비스가 고른 세 개의 수가 무엇이든 상관없이, 그 답은 항상 22라는 것이다.

비행기를 동원하기 힘들다고 해도 마지막에 메이비스에게 22라는 수를 보여 줄 방법은 얼마든지 있다.

대단한 마법이지? 어떤 비밀이 있을까?

맨 처음에 메이비스에게 세 개의 다른 수를 고르게 했지만, 우리는 이것을 대수로 설명하기 위해 *T, D, N*이라는 문자를 사용하자. 이 문자를 조합해서 6개의 서로 다른 두 자리 '수'를 만들 수 있다. *TD, DT, DN, ND, TN, NT*.

이제 이것들을 더하는데, 비결은 1단위와 10단위를 세로로 따로 더하는 것이다.

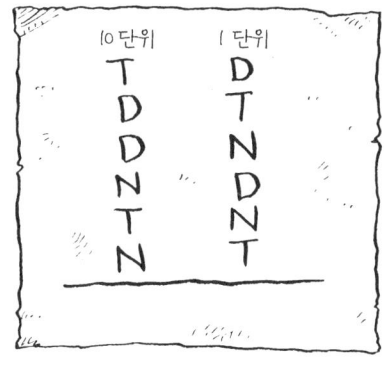

1단위 문자들을 세어 보면 각 문자가 두 번씩 나타나므로 $2T+2D+2N$이 된다. 이것을 인수분해하면 $2(T+D+N)$이 된다.

10단위 문자들을 세어 보면 역시 각 문자가 두 번씩 나오므로 다시 $2(T+D+N)$이 된다. 이것은 10단위이므로 전체는 $2(T+D+N)\times 10$, 즉 $20(T+D+N)$이다.

1단위와 10단위 전체를 합하면 $20(T+D+N)+2(T+D+N)$
이것을 괄호로 묶으면
$(20+2)(T+D+N)=22(T+D+N)$

이제 마법의 마지막 단계가 남았다. 세 개의 수를 더하면 $(T+D+N)$, 이것으로 나누면 답이 된다. 쉽지!
$22(T+D+N)\div(T+D+N)=22$

짠! 모든 문자가 사라지고 답인 22만 남았다. 그러므로 메이비스가 처음에 고른 세 개의 숫자가 무엇이든 간에 답은 항상 22가 된다.

피보나치 수열

《이상야릇 수의 세계》편에서 우리는 이미 피보나치 수열을 살펴보았다. 아무거나 두 개의 수를 골라 쓴 다음 그 두 수를 더하고 그 답을 쓴다. 그 다음 여러분이 쓴 것에서 마지막 두 수를 더해서 그 답을 쓰고 그런 식으로 계속해 나간다(항상 여러분이 쓴 마지막 두 개의 수를 더하면서). 이렇게 6개의 수를 썼으면 여기서 멈추고 모든 수를 더한다.

만약 7과 4로 시작을 했다면 6개의 수는 이렇게 되겠지?

7, 4, 11, 15, 26, 41

이것을 전부 더하면 104가 된다.

여기서 마법이 시작된다. 여러분이 누군가에게 이렇게 6개의 수를 쓰라고 했다면, 여러분은 그 사람이 6번째 수를 쓰기도 전에 총합을 알아낼 수 있다! 여러분이 할 일은 다섯 번째 수가 뭔지 보고 그것에 4를 곱하는 것이다. 위의 보기에서는 다섯 번째 수가 26이므로 26×4=104이다. 맨 처음의 두 수가 무엇이든 상관없이 항상 마찬가지이다. 그 이유는 대수로 설명할 수 있다.

처음 시작한 두 수를 S와 N이라고 하자. 계속해서 마지막 두 수를 더하면 어떻게 되는지 잘 보도록(서로 다른 열의 S와 N을 쫓아가면 훨씬 쉬우므로 이것을 재빨리 더한다).

		첫 번째 수
	N	두 번째 수
S	$+ \ N$	세 번째 수
S	$+ \ 2N$	네 번째 수
$2S$	$+ \ 3N$	다섯 번째 수
$3S$	$+ \ 5N$	여섯 번째 수
$8S$	$+ \ 12N$	총합

여기서 다섯 번째 수는 $2S+3N$인 것을 알 수 있다. 여기에 4

를 곱하면 $8S + 12N$이니까…… 결국 총합과 같다. 처음의 S와 N과 관계가 없으므로 결국 맨 처음 두 수가 무엇이든 상관없다는 거지.

머릿속에 숫자 하나를 떠올려 봐……

누군가에게 "숫자 하나를 떠올려 봐!"라고 말하면서 시작하는 마술은 수백 가지나 된다. 이 모든 것들은 대수를 약간 사용하면 쉽게 설명할 수 있다. 더 재미있는 것은 그것의 원리를 알기만 하면 여러분도 나름대로 마술을 고안할 수 있다는 사실이다. 여러분에게 간단한 아이디어 하나를 소개하지. 메이비스를 붙잡고 실험해 보자.

비밀 : 메이비스가 말한 답은 '0'으로 끝난다(0으로 끝나지 않았다면 메이비스의 계산이 틀린 것이다!). 여러분이 할 일은 0을 없애 버리고 5를 빼는 것이다. 그럼 180은 18이 되고, 5를 빼면 답은 13이 된다! 그것이 메이비스가 처음 떠올렸던 수이다. 그런데 왜 그럴까?

메이비스가 처음에 생각했던 수를 m이라고 하자. 마법은 이렇게 생겨난다.

생각한 수 $= m$
더하기 2 $= m+2$
곱하기 5 $= 5(m+2)$ $= 5m+10$
더하기 15 $= 5m+10+15 = 5m+25$
곱하기 2 $= 2(5m+25)$ $= 10m+50$

이것이 메이비스가 말한 답이다. 그렇다면 여러분의 머릿속에서 벌어지는 것은 이렇다.

0 없애기(즉 10으로 나누기) $= m+5$
5 빼기 $= m$

결국 여러분은 메이비스의 수를 계산해 냈다!

만약 메이비스가 27을 생각했다면 각 단계들의 27, 29, 145,

160에 이어서 320이 된다. 여기서 '0'을 없애 버리면 32가 되고 다시 5를 빼면 역시 27이 된다. 정말 식은 죽 먹기지? 그렇다면 여러분 스스로 당장 시험해 보도록. 아무 수나 고르고 계산해 보자!

　충고 한마디 : 수를 가지고 마술을 부릴 때 대부분의 사람들은 그 수가 다른 무엇과 관련이 있을 때 더 감동받는다. 만약 좀 더 근사하게 이 마술을 해 보이고 싶다면 메이비스에게 "숫자 하나를 떠올려 봐!"라고 말하는 대신에 다음의 예를 가지고 응용해 보자.

마법의 카드

- 메이비스에게 카드 한 벌을 내밀면서 한 장을 몰래 뽑으라고 한다(조커는 빼고).
- 그 카드에 적힌 수에 5를 곱하게 한다.(잭=11, 퀸=12, 킹=13)
- 카드가 빨간색이면 20을 더하고 검은색이면 21을 더한다.
- 다시 2를 곱한다.
- 마지막으로 그 카드가 하트나 스페이드이면 1을 더한다.
- 메이비스가 그 답을 말하면 여러분은 그 카드가 뭔지 알아맞힐 수 있다!

비결 : 카드의 무늬를 알아맞히려면 마지막 자릿수를 확인한다. 0=다이아몬드, 1=하트, 2=클로버, 3=스페이드이다. 수를 맞히려면 마지막 수를 버리고 4를 뺀다. 그러니까 메이비스가 93이라고 답했을 때 '3'이란 수로 그것이 스페이드임을 알 수 있다. 그리고 9-4를 하면 메이비스의 카드는 스페이드 5이다. 160이라면 다이아몬드 퀸이고, 51이라면 하트 에이스, 112는 클로버 7이다.

어떻게 한 것일까?

이 경우는 카드의 숫자와 무늬를 따로 계산한다. 사실 이 마술은 카드의 수에 은근슬쩍 10을 곱하고 40을 더하게 하는 것이다. 다시 말해서 그 답의 마지막 자릿수는 카드의 숫자와는 아무런 상관이 없으며, 따라서 그것을 이용해 카드의 무늬를 맞힐 수 있다.

카드의 무늬는 답의 마지막 자릿수만 가지고 판단하는 것이니까, 여기서는 마지막 자릿수와 관련한 지시사항을 살펴보자.

지시자가 "빨간색이면 20을 더하고 검은색이면 21을 더하라."
고 했으니 마지막 자릿수가 0이면 빨간색, 1이면 검은색일 것
이다. 그 다음 2를 곱했으니 마지막 자릿수가 0이면 빨간색 다
이아몬드나 하트, 2이면 검은색 클로버나 스페이드가 된다. 그
리고 스페이드나 하트이면 1을 더하라고 했다. 결국 마지막 자
릿수를 볼 때 빨간색 다이아몬드는 0이고 빨간색 하트는 1이
된다. 검은색 클로버이면 2가 되고 검은색 스페이드는 3이 되
는 것이다.

등골이 서늘해지는 예언!

여러분이 이 책을 가지고 할 수 있는 멋진 숫자 마법을 또 하
나 소개한다.
- 메이비스에게 팬텀 X가 이 책의 어딘가에 숨어 버렸다고 말
한다.

- 메이비스에게 1에서 9까지의 수 중 하나를 떠올리라고 한다
 (또는 주사위 하나를 굴리라고 하고는 그 수를 혼자만 알고 있으
 라고 한다).
- 그 수에 2를 곱한다.

- 119를 더한다.
- 다시 5를 곱한다.
- 답은 세 자리 수가 나올 것이다. 메이비스에게 가운데 자릿수를 지워서 두 자리 수로 만들게 한다.
- 이 책에서 그 수의 쪽을 펼친 뒤 메이비스에게 아래 적힌 페이지 숫자를 보게 한다.
- 공포에 질린 메이비스를 이렇게 말하면서 달래 준다. 여러분이 시닌 엄청난 마법의 힘을 절대 나쁜 목적이 아닌 좋은 데에만 사용하겠다고.

이 마술은 여러분 혼자 해 봐도 좋다. 1에서 9까지 중 하나의 수를 고른 뒤 다음의 지시사항을 따르고 쪽수를 찾아 펼치면 된다.

이 마술의 비법은 다음과 같다. 여러분이 고른 수를 y라고 했을 때 지시대로 하면 그 답은 항상 $(10y+595)$가 된다. y가 1과 9 사이에 있다고 했으므로 그 답에서 첫째 자릿수는 항상 6이고 마지막 자릿수는 항상 5가 된다. 여기서 y는 항상 가운데 자릿수에만 영향을 주므로 그것을 지워 버리면 답은 언제나 65이다. 그러니까 여러분은 항상 65쪽을 펼치면 된다는 말씀!

빨강과 검정의 기적

마지막 기회 살롱의 벽에 걸린 호롱불의 불꽃이 낮게 수그러든 시간, 살롱의 문이 벌컥 열렸다. 깊은 어둠 속에서 검정색 긴 코트를 입은 남자가 들어왔다.

"아니, 브렛. 웬일이세요?" 벙어리 피아노 옆 탁자에 앉아 있던 리버보트 릴이 인사했다.

"작별 인사를 하러 왔소. 그럼 이만." 브렛은 곧바로 발길을 돌려 밖으로 나가려 했다.

"어디 가시려고요?"

"아무 데나. 내 부츠를 빼앗기지 않을 거라고 확신만 할 수 있다면 어디든 좋소." 그러나 브렛은 너무 오랜 시간 망설이고 있었다.

"밤이 너무 깊었어요!" 릴이 하품을 하며 말했다. "그리고 이제 문 연 곳도 없고요. 지금이 몇 시인지 모르시는 거예요?"

"내가 모른다는 걸 다 알면서!" 브렛이 투덜거렸다. "지난번 만났을 때, 당신이 나를 속여서 우리 할아버지가 물려주신 체인 달린 금시계를 빼앗아 갔잖소."

"뭘 속였다고 그러세요!" 릴이 핸드백에서 무거운 시계를 꺼냈다. "당신은 운이 없었던 거예요. 그 일은 나도 가슴이 아파요. 그리고 내가 이 시계를 볼 때마다 이 시계가 가리키는 시간이 뭔지 아세요? 바로 당신이 이기는 시간을 말해 준답니다……. 그러니 어서 와서 앉으시죠, 브렛."

고개를 돌리고 낡은 카드를 섞는 릴의 모습을 지켜보던 브렛은 갑자기 가슴이 설레는 걸 느꼈다. 보통 릴이 카드를 섞을 때면 통나무 위의 개구리가 뛰듯, 카드들이 릴의 손안에서 앞뒤로 날아다니는 것 같았다. 그러나 오늘 밤은 뭔가 달랐다. 시간이 너무 늦어서일까, 릴은 둔하게 손을 놀리다가 사방에 카드를 떨어뜨리고 말았다. 브렛과 눈이 마주친 릴은 겸연쩍은 미소를 짓더니 바닥에서 클로버 잭 카드를 집어 들었다. 그러나 그러는 순간, 그녀는 우연히 다른 카드들을 손에서 놓쳐 버렸다. 브렛은 입술을 핥았다. 이번만큼은 좋은 기회가 되지 않을까? 릴은 어색하게 한 손을 그에게 내밀었다. 다른 손으로는 카드를 잡고 있었지만 그조차 힘든 것처럼 보였다.

"이번엔 무슨 게임이오?" 브렛이 의자를 탁자 가까이 끌어당기며 물었다. "오늘 밤엔 운이 따라 주면 좋으련만."

"사실 난 피곤해요. 그러니 간단한 걸로 하죠. 카드를 나누어서 당신은 검은색 카드만 가지고 나는 빨간색 카드만 가지는 거예요."

"바닥에도 몇 장이 떨어져 있소." 브렛이 말했다.

"상관없어요." 릴은 대수롭지 않다는 듯 대꾸했다. "시간이 늦었어요. 그냥 내 카드는 전부 빨간색, 당신 카드는 전부 검은색이 되기만 하면 돼요. 카드 나누는 건 당신이 하세요. 오늘 밤은 내 손이 말을 안 듣네요."

브렛은 카드의 앞면을 위로 하여 나누어 주면서 릴에게는 전부 빨간색 카드를 주고, 자신은 전부 검은색 카드를 가졌다. 브렛이 카드를 다 나누자 릴은 두 무더기로 나뉜 카드들을 뒤집어 놓으라고 했다. 릴은 탁자에 카드들을 대충 늘어놓았지만 브렛은 카드들을 손에 모아서 꼭 쥐었다. 기회를 허투루 넘겨 버릴 수는 없었다.

"이제 검은색 카드들을 나한테 건네주세요." 릴이 말했다.

"몇 장이나?" 브렛이 물었다.

"원하는 만큼요. 몇 장이든 상관없어요."

"열 장이오." 브렛은 무늬가 보이지 않게 카드를 바닥 쪽으로 놓고 열 장을 건넸다. 릴은 그 카드들을 자기 카드들과 섞었다.

"이제 탁자 위의 내 카드에서 열 장을 가져가서 당신의 카드와 섞으세요."

"빨간색 카드도 있고 검은색 카드도 있겠군." 브렛은 카드를 뽑아 손에 들고 있는 카드와 섞었다.

"당신 카드가 뭔지 생각해 보세요." 릴이 말했다. "이제 아까와는 다른 개수의 카드를 뽑아서 나한테 주세요. 항상 카드가 아래로 향하게 하시고요."

"이번엔 여덟 장을 주리다. 빨간색과 검은색이 조금 섞였을 거요."

"그렇겠죠." 릴이 맞장구를 치면서 브렛이 준 여덟 장의 카드를 탁자 위의 다른 카드와 섞었다. "좋아요, 브렛. 여기서 여덟 장을 골라서 도로 가져가는 거예요. 그리고 당신한테 어떤 카드들이 있는지 보세요. 나한테는 보여 주지 마시고요."

그래서 브렛은 카드 여덟 장을 골라 자기 카드와 섞은 뒤, 그 카드들을 펼쳐보았다.

"빨간색과 검은색이 골고루 섞여 있나요?" 릴이 물었다.

"골고루 섞였소."

"처음엔 모두 검은색 카드였죠? 하지만 지금은 내가 가졌던 빨간색 카드가 몇 장 있고요. 맞죠?"

"맞소. 그리고 당신한테는 내 검은색 카드가 섞여 있겠지."

"물론이죠." 릴이 대답했다. "나는 아직 보지 않았지만 분명 그럴 거예요. 그렇다면 여기서 내기를 해요. 나는 이 훌륭한 금시계를 걸 테니까 당신은 부츠를 거세요. 나한테 들어온 검은색 카드가 낭신이 가져간 빨간색 카드보다 많으면 내가 이기는 거예요."

브렛이 손에 쥔 카드를 가만히 보니 빨간색 카드는 일곱 장이었다. 그는 그 시계를 돌려받고 싶은 마음이 간절했다. 하지만 릴의 검은색 카드가 더 많다면? 원래 카드 한 벌에는 빨간색과 검은색 카드가 각각 26장이니까 계산할 수도 있겠지만 지금은······

브렛은 골똘히 생각했다. 어쨌거나 게임은 공정한 것 같았고 릴은 카드에 거의 손도 대지 않았지만, 그래도 뭔가 미심쩍었다.

"이제 알겠군!" 그가 소리쳤다. "당신이 검은색 카드를 많이 가졌다는 것에 내기를 걸었다면, 뭔가 알고 있는 게 분명해! 그러니까 규칙을 바꿉시다. 내가 빨간색 카드를 더 많이 갖고 있으면 당신이 이기는 걸로."

"좋으실 대로 하세요." 릴은 순순히 대답했다. "솔직히 난 당신 부츠를 갖고 싶은 맘도 없고 당신 시계를 되돌려주고 싶을 뿐이니까요."

하지만 브렛은 그래도 찜찜했다. 아무리 부츠를 걸었다지만 릴은 절대로 내기에 질 여자가 아니었다. 그는 한숨을 쉬면서 자리에서 일어났다.

"이 시간에 어디 가려고요?" 릴이 부드럽게 물었다.

"당신은 나한테 속임수를 쓰고 있소. 싫다는데도 나를 내기에 끌어들이고 있고. 그래서 가려는 거요."

"브렛!" 릴이 애원했다. "앉으세요. 자, 내가 최대한 쉽게 이기게 해 줄게요. 당신이 가져간 내 빨간색 카드가 더 많으면 당신이 이겨요. 또는…… 내가 가져온 검은색 카드가 더 많아도 역시 당신이 이겨요. 이렇게 해도 저렇게 해도 당신이 이기는 거예요. 어때요?"

"그럼 누가 상대방의 카드를 더 많이 가졌든 내가 이기는 거요?" 브렛은 손에 든 일곱 장의 빨간색 카드를 재빨리 훑어보았다. 눈을 씻고 봐도 검정색이나 파란색 또는 다른 색깔의 카드는 없었다. "좋소, 내기합시다!"

그러자 릴은 한 장 한 장, 탁자 위의 카드를 뒤집었다. 일곱 번째이자 마지막 검은색 카드가 뒤집어지는 순간, 브렛의 눈은 얼굴에서 거의 빠져 버릴 것 같았다.

"내가 이겼네요!" 릴이 말했다. "세상에 당신은 어쩜 그리 운도 없으세요. 당신이 내 빨간색 카드를 가진 것만큼 나도 당신의 검은색 카드를 가졌어요. 결국 어느 쪽도 더 많은 게 아니니까 당신이 이긴 게 아니군요."

이 속임수의 원리는 지극히 간단하다! 바닥에 떨어졌던 카드가 몇 장인지, 심지어 그게 무슨 색인지는 아무 상관이 없다. 더구나 브렛이 몇 장의 카드를 건네주고 다시 가져갔는지 하는 것과도 상관이 없으며, 심지어 몇 번을 주고받았는지도 상관이 없다. 단 하나 중요한 것은 브렛이 마지막까지 가지고 있는 카드의 수가 바로 맨 처음 시작할 때 가지고 있었던 카드의 수와 같다는 것이다!

여기서 C = 브렛이 시작할 때와 끝날 때 가지고 있었던 카드의 수.

b = 게임이 끝날 때 브렛이 릴에게 건네준 검은색 카드의 수(그가 건넸다가 돌려받지 않은 검은색 카드의 수는 세지 않는다).

r = 게임이 끝날 때 브렛이 쥐고 있었던 빨간색 카드의 수.

그럼 어떻게 된 건지 볼까?
- 게임을 시작할 때, 브렛이 쥐고 있던 카드는 전부 검은색이다. 따라서 그는 C개의 검은색 카드를 가지고 시작했다.
- 게임이 끝날 때까지 브렛은 b개의 검은색 카드를 건넸으니 그가 가지고 있는 검은색 카드의 수는 $C-b$이다.
- 한편, 게임이 끝날 때까지 브렛은 r개의 빨간색 카드를 릴에게서 가져왔다. 결국 그가 마지막에 들고 있었던 검은색 카드와 빨간색 카드의 개수는 $C-b+r$이다.
- 그런데 게임이 끝날 때 그가 들고 있던 카드는 C개이므로 $C-b+r=C$이다.
- 이 방정식을 정리하면 $C-C+r=b$. 물론 $C-C=0$이므로 결국 $r=b$만 남는다.

이 말은 그가 릴에게 준 검은색 카드의 수만큼 릴에게서 빨간색 카드를 가져왔다는 뜻이다. 결국 각각의 수는 똑같을 수밖에 없다!

앗! 시리즈 실험실

지금까지 이 책에서는 대수를 사용해 문제들을 풀고 재미있는 속임수를 쓰는 방법을 살펴보았다. 이제는 그 대수를 정말 극한까지 밀고 나가는 몇몇 전문가들을 만나 볼 시간이다. 여러분은 특별대우를 받는 거다. 수학자들이 정말 지저분한 식과 방정식을 붙들어 놓고 억 소리가 절로 나는 실험을 하는 곳으로 몰래 들어가게 되었으니까.

그 전에, 여러분도 그들처럼 변장해야 한다. 야구모자나 트레이닝복, 청바지 같은 멋진 옷들은 당장 벗도록. 다음의 복장 모두를, 또는 적어도 하나라도 착용해야 한다. 오렌지색 나일론 셔츠나 블라우스, 이상한 만화 캐릭터가 그려진 넥타이나 브로치, 단춧구멍에 단추가 사라지고 없는 청회색 카디건, 길이가 양말목에 못 미치는 바지, 주름진 스타킹, '전국 수학회의 대표 1983년 7월'과 같은 글이 쓰인 색 바랜 배지 그리고 천연 비듬. 만약 비듬을 만들 수 없는 사람은 어깨에 빵가루를 살짝

뿌릴 것. 무엇보다 중요한 것은 환한 웃음을 짓는 것이다. 여러분은 아름다운 계산으로 가득한 세계에 사는 것을 항상 행복하게 여기는 사람이니까. 참, 한 가지 더 있다. 차갑게 식은 커피가 반쯤 든 플라스틱 컵을 빠뜨리지 않도록. 커피는 절대 가득해서도 안 되고 따뜻해서도 안 된다. 정확한 이유는 알 수 없지만 왠지 그건 어울리지 않을 것 같다.

준비됐어? 이크, 셔츠 끝자락이 밖으로 비어져 나와 있는지 확인하라. 그럼 들어가 볼까?

들어가자마자 여러분의 눈은 방 한가운데의 해부대 위로 쏠린다. 수학자들이 핀으로 꽂아 놓은 저 못생긴 식은 도대체 무엇일까?

뭐? 저게 아무것도 아니라니, 제정신인가? 문자와 괄호가 뒤죽박죽 끔찍하게 섞여 있잖아. 틀림없이 뭔가 사적인 농담을 수학적으로 하고 있는 모양이다. 잘났어, 정말! 그 식을 옮겨서 다시 한 번 살펴보고 뭐가 그렇게 우스운지 우리도 알아보기로 하자.

$$\frac{(b+a)(2b-a)(a-b)^2}{(b-a)(b^2-a^2)(2b-a)} - 1$$

정말 알 수 없는 일이다. 어쨌든 오늘 이들은 평소보다 더 정신이 나간 것 같다. 여러분은 뭐가 그리 우스운지 알겠는가? 혹시 커다란 가운데 선인가, 아니면 '제곱' 기호가 찍힌 자리인가? 어쩌면 여기서 a와 b가 뭔지 알면 짐작이 가려나? 혹시 'a'라는 문자가 아주 우스꽝스러운 코미디 프로를 나타내는 건가?

아무래도 이들이 바보가 되어가는 것 같지만, 우리는 무시하기로 하자. 일단 주변을 둘러보고 게시판에 뭐가 꽂혀 있는지 살펴보자.

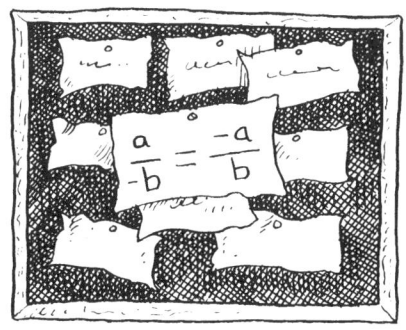

편리한 식이로군! 한 분수의 분모에 마이너스 부호가 있으면 그것을 분자로 옮길 수 있다. 분수에서 아무것도 뒤엎지 않고 분자와 분모에 똑같은 수를 곱할 수 있기 때문이다. 이 경우에는 분모와 분자에 -1을 곱해 준 것이다.

$$\frac{a}{-b} = \frac{a \times -1}{-b \times -1} = \frac{-a}{b}$$

간단하니까 이해가 가지?

정말 고맙군. 여러분은 차가운 커피가 반쯤 남은 플라스틱 컵을 건네고 주위를 둘러본다. 또 뭐가 보이지?

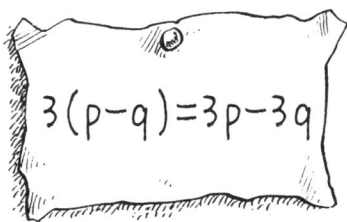

이것도 우리가 아는 거네. 괄호가 뜻하는 것은 그 안의 모든 것을 괄호 밖의 계수로 곱해 주어야 한다는 것이다.

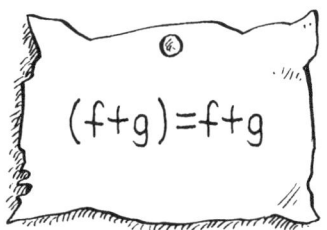

이것도 아는 거지. 만약 괄호 앞에 어떤 수도 씌어 있지 않으면 계수는 +1이다. 그렇다면 그냥 괄호만 벗겨 내면 그만이다.

쯧쯧! 여러분은 저들이 무엇 때문에 기분이 상했는지 짐작하지도 못할 것이다. 여러분은 $(f+g)=f+g$에 만족할지 모르지만, 수학자들 중에는 그것을 거꾸로 해서 $f+g=(f+g)$라고 할 수는 없다고 말하는 사람들이 더러 있다.

이런 경우 여러분은 그야말로 비명을 지르고 싶어지겠지. 안 그래? 하지만 걱정하지 말 것. 그나마 적어도 한 사람은 제정신인 것 같으니까…….

휴. 그러니까 우리는 $(f+g)=f+g$ 그리고 $f+g=(f+g)$에 동의하기로 하자. 만약 누가 이의를 제기한다면 두 개의 오믈렛을 만들어 주도록. 그러면 문제가 해결될 것이고 설사 그 사람이 계속 입씨름을 하려고 해도 걱정할 필요가 없다. 말을 하면서 달걀 오믈렛 조각을 튀긴다면 그 말을 진지하게 들을 사람은 아무도 없을 테니까.

❌ 만약 괄호 밖의 부호를 바꾼다면, 괄호 안의 부호도 바꾸어야 한다.

이것은 쓸모가 많은 정보다. 이 규칙이 통하는 이유는 $-(r-s)$에서 괄호 밖의 계수가 -1이기 때문이다. 우리가 굳이 '1'을 써 넣지 않는 것은 1이 아무런 영향도 주지 않기 때문이다. 그러나 마이너스 부호는 많은 차이를 만든다. $-(r-s)$를 전개할 때 두 개의 문자는 이렇게 변하게 된다. $-1 \times r = -r$과 $-1 \times -s = +s$로 변한다. 이 결과를 하나로 모아 본다면 $-r+s$이다. 이 문자의 순서를 바꾸면 $s-r$이 되고, 오믈렛이 보여 주었다시피 $s-r=(s-r)$이 된다.

그리고 게시판에 꽂혀 있는 게 하나 더 있다!

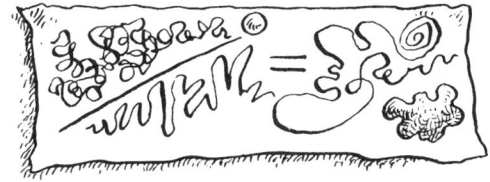

우와! 정말 복잡하게 보인다. 아마도 복합 무한대를 분석할 때 쓰는 고차원 대수 같은 게 아닐까?

이상하게 만족스러운 것

게시판은 충분히 봤으니 이번에는 선반에 뭐가 있는지 살펴보자.

이게 다 뭐지? 그것을 알아내려면 각 식을 전개해서 뭐가 나오는지 보는 수밖에 없지.

$(a-b)=a-b$
이 정도야 쉽다.

$(a-b)^2$은 좀 어렵다. 이것은 $(a-b)(a-b)$라는 얘기니까 계산하려면 첫째 괄호의 모든 것으로 둘째 괄호의 모든 것에 곱해야 한다. 왜 그러는지 모를 경우, 가장 안전한 방법은 일단 첫째 괄호를 a와 $-b$항으로 쪼개어 각 항을 두 번째 괄호에 곱해 준다. 그러면,

$$(a-b)(a-b)=a(a-b)-b(a-b)=a^2-ab-ba+b^2$$

일단 $a^2-ab-ba+b^2$이 나왔다면 '동류항'이 있는지 찾아본다. 문자의 조합이 똑같은 것이 동류항이라는 사실을 기억할지 모르겠네. 여기서는 $-ab$와 $-ba$가 보인다. 둘 다 a와 b를 하나씩 가지고 있다(문자의 순서는 상관이 없다). 그렇다면 이 둘을 묶으면 $-2ab$가 된다. 결국 풀이는 아래와 같다.

$$(a-b)^2 = a^2 - 2ab + b^2$$

여러분이 괄호를 전개하면서 곱셈을 제대로 했는지 확인하고 싶다면 직접 수를 넣어서 양변의 답이 같은지 확인하면 된다. 아무 수나 골라도 되니까 $a=7$, $b=3$이라고 해 보자.

- $(a-b)^2 = (7-3)^2 = 4^2 = 16$
- $a^2 - 2ab + b^2 = 7^2 - 2 \times 7 \times 3 + 3^2 = 49 - 42 + 9 = 16$

두 식의 답은 똑같이 16, 우리가 바라던 바이다.

말이 나왔으니 말인데, $(a+b)^2$은 뭐가 될 것 같아? (여러분이 눈치 못 챌까 봐 일러두는데 괄호 안의 부호를 마이너스에서 플러스로 바꾼 것이다.) 이것을 계산해 보면 마이너스 부호만 없을 뿐

아까와 똑같은 답이 나온다!

$$(a+b)^2 = a^2 + 2ab + b^2$$

$a=7$, $b=3$이라고 하고 재빨리 검산해 보자.
- $(a+b)^2 = (7+3)^2 = 10^2 = 100$
- $a^2 + 2ab + b^2 = 7^2 + 2 \times 7 \times 3 + 3^2 = 49 + 42 + 9 = 100$

'어떤 수와 $\frac{1}{2}$의 제곱'에 관한 마술

$(a+b)^2$은 '어떤 수와 $\frac{1}{2}$'의 제곱을 구해야 할 때 여러분을 아주 빠른 지름길로 안내한다. 여러분은 '어떤 수'에 그 다음 수를 곱한 뒤 4분의 1을 더해 주면 된다.

그러니까 $(5\frac{1}{2})^2$을 계산해야 한다면 5×6을 해서 30이 나오는데 여기에 다시 $\frac{1}{4}$을 더한다. $(5\frac{1}{2})^2 = 30\frac{1}{4}$이 된다.

$(a+\frac{1}{2})^2$을 곱해 보면 이 규칙이 항상 통한다는 것을 확인할 수 있다. $(a+\frac{1}{2})(a+\frac{1}{2}) = a^2 + 2 \times a \times \frac{1}{2} + \frac{1}{2} \times \frac{1}{2} = a^2 + a + \frac{1}{4} = a(a+1) + \frac{1}{4}$

만약 사각형의 바닥에 사각 타일을 깔고 싶다고 해 보자. 한쪽 변에 $8\frac{1}{2}$의 타일이 들어간다. 전체 바닥을 덮으려면 타일이 얼마나 필요할까? $(8\frac{1}{2})^2$을 계산해야 하므로 이 방정식에서 'a'는 8이다. 결국 $(8+\frac{1}{2})^2 = 8(8+1) + \frac{1}{4} = 8 \times 9 + \frac{1}{4} = 72\frac{1}{4}$이 된다.

이번에는 이 아리따운 식을 전개하면 어떻게 되는지 알아볼까?

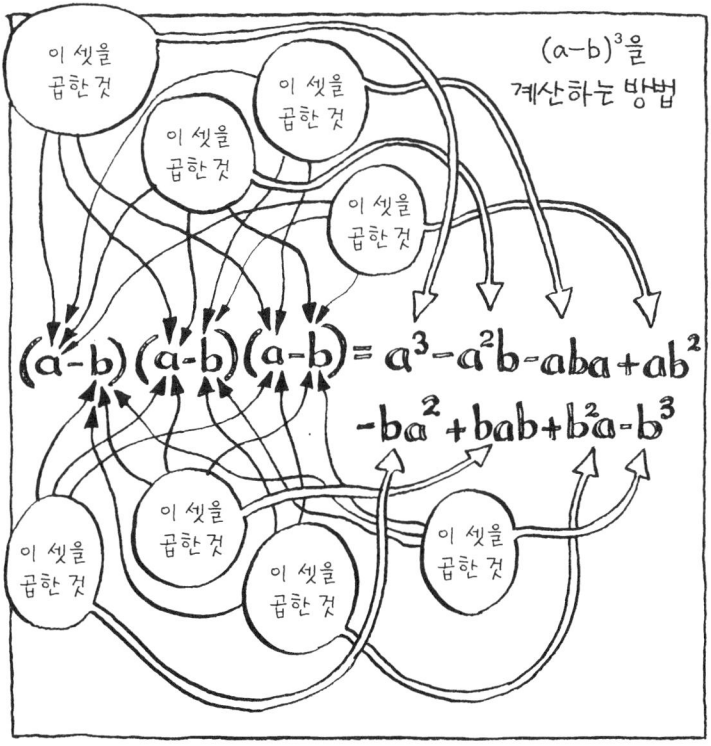

이제 동류항끼리 한데 묶을 차례인데 동류항을 알아내는 것이 비결이다! 그러니까 $aba=ba^2=a^2b$이고 $ab^2=bab=b^2a$라는 것이다. 이를 정리해 보면,

$$(a-b)^3=a^3-3a^2b+3ab^2-b^3$$

우리가 이미 $(a-b)^2 = a^2-2ab+b^2$을 알고 있으니까, 조금 더 간단하게 이것을 계산할 수 있다. 이렇게 하는 거지.

$$(a-b)^3 = (a-b)(a-b)^2$$
$$= (a-b)(a^2-2ab+b^2)$$
$$= a(a^2-2ab+b^2) - b(a^2-2ab+b^2)$$
$$= a^3-2a^2b+ab^2-ba^2+2ab^2-b^3$$
$$= a^3-3a^2b+3ab^2-b^3$$

미안, 여러분한테 사과해야겠다. 이 책이 여러분의 재미를 빼앗아 버렸군, 안 그런가? 똑똑한 〈앗! 시리즈〉 독자들은 $(a-b)^3$을 스스로 계산해 보고 싶어 할 거란 사실을 깜박 잊었다.

걱정 마시라. 다음의 것들은 여러분이 직접 계산할 수 있는 기회를 줄 테니까…….

$$(a-b)^4 = a^4-4a^3b+6a^2b^2-4ab^3+b^4$$

여러분 수준에 딱 맞는 문제지? 그럼 이것도 해 보도록.

$$(a-b)^5 = a^5 - 5a^4b + 10a^3b^2 - 10a^2b^3 + 5ab^4 - b^5$$

지금쯤 여러분은 풀이에서 몇 가지 규칙성을 발견했을 수도 있다. 각 항들을 죽 훑어보면 이런 것이 발견된다.
- 부호가 번갈아 가면서 − + − +로 나온다.
- 'a'의 차수가 한 번에 하나씩 줄어든다.
- 'b'의 차수가 한 번에 하나씩 커진다.

그러므로 만약 $(a-b)^6$을 계산하고 싶다면 다음과 같이 나오리라는 것을 예상할 수 있겠지.

$$a^6 - \Box a^5b + \Box a^4b^2 - \Box a^3b^3 + \Box a^2b^4 - \Box ab^5 + b^6$$

우리가 모르는 것은 상자 안에 들어갈 계수들이다. 산더미 같은 저 곱셈을 일일이 하지 않고도 풀이를 알아낼 수 있다면 정말 대단한 일이 아닐까?

파스칼의 삼각형을 아는 사람이라면 그 놀라운 쓰임새를 알 것이다. 이제 곧 한 가지를 더 알게 된다. 하지만 먼저 파스칼의 삼각형이 어떻게 생겼는지 돌이켜봐야겠지?

보다시피, 이 삼각형은 양변에 1이 늘어서 있다. 삼각형 안쪽에 있는 수들은 윗줄의 두 수를 더해서 나온 것이다. 두 번째 줄을 보면 2는 1+1에서 나왔다. 그 다음 줄의 3들은 각각 1+2에서 나왔다. 계속 내려가서 21은 6+15에서 나왔고 다른 수들도 마찬가지이다.

우리는 여기서 일곱 줄까지만 썼지만 여러분이 원한다면 얼마든지 계속 써 내려가도 좋다.

그림 $(a-b)$를 거듭제곱하면서 얻은 계수들을 살펴보자.

계산   계수(+/- 부호는 다 빼고)

$(a-b) = a - b$ 1 1

$(a-b)^2 = a^2 - 2ab + b^2$ 1 2 1

$(a-b)^3 = a^3 - 3a^2b + 3ab^2 - b^3$ 1 3 3 1

$(a-b)^4 = a^4 - 4a^3b + 6a^2b^2 - 4ab^3 + b^4$ 1 4 6 4 1

$(a-b)^5 = a^5 - 5a^4b + 10a^3b^2 - 10a^2b^3 + 5ab^4 - b^5$ 1 5 10 10 5 1

놀랍게도 각 해법의 계수들이 파스칼의 삼각형 각 줄에 나온 수와 똑같지 않은가! 그러므로 $(a-b)^6$에 해당하는 계수는 이 삼각형의 여섯 번째 줄의 수들을 사용하면 된다.

$$(a-b)^6 = a^6 - 6a^5b + 15a^4b^2 - 20a^3b^3 + 15a^2b^4 - 6ab^5 + b^6$$

뿐만 아니라……

$$(a-b)^7 = a^7 - 7a^6b + 21a^5b^2 - 35a^4b^3 + 35a^3b^4 - 21a^2b^5 + 7ab^6 - b^7$$

하지만 $(a-b)^7$을 확인하고 싶은 사람은 혼자서 해 보도록. 이렇게 계산하면 된다.

$(a-b)(a-b)(a-b)(a-b)(a-b)(a-b)(a-b) = $ ……?

지금까지 우리는 $(a-b)(a-b)$, 즉 $(a-b)^2$을 살펴보았다. 하지만 앞쪽을 살짝 들춰 본다면, $(a+b)(a+b)$ 즉 $(a+b)^2$도 발견할 것이다. 그런데 수학에서 정말 귀엽고 깜찍한 것은 $(a-b)$라는 괄호와 $(a+b)$라는 괄호를 곱할 때 나타난다.

$$(a+b)(a-b) = a(a-b)+b(a-b)$$
$$= a^2-ab+ba-b^2 = a^2-b^2$$

그렇지, $-ab$와 $+ba$는 서로 지워진다! 그러므로,

✗ $a^2-b^2 = (a+b)(a-b)$

이 깜찍한 결과는 워낙 쓸모가 많기 때문에 중요하다는 표시를 해 두었다. 만약 대수를 믿지 못하겠거든 《이상야릇 수의 세계》를 읽어 보도록. 그렇다면 셈의 규칙성만을 사용해서 이 방정식이 항상 통한다는 사실을 증명할 수 있을 테니까!

사람들은 이 야무진 방정식에 대해 4성부의 화음을 넣어 이렇게 묘사한다.

무슨 말이냐고?
- '두 거듭제곱의 차'는 한 수의 제곱에서 다른 수의 제곱을 뺀다는 얘기, 즉 a^2-b^2을 설명한 것이지.
- '합'은 두 수를 합친다는 뜻이다. 그래, $(a+b)$ 말이야.
- '차'는 한 수에서 다른 수를 뺀다는 얘기. 그러니까 $(a-b)$야.
- 이 합과 차를 곱해 준 것이 $(a+b)(a-b)$이다.

이것으로 할 수 있는 묘기 한 가지만 소개하지.
여러분이 102×98을 알고 싶다고 해 보자. 하지만 102×98을 계산하려면 정말 짜증나지 않겠어? 이럴 때 $100^2=10,000$이라는 간단한 사실을 이용하면 된다. $102=100+2$, $98=100-2$이므로 여러분이 '두 거듭제곱의 차'를 알고 있다면 아주 쉽게 문

제를 해결할 수 있게 되지.

$102 \times 98 = (100+2)(100-2) = 10000-4 = 9996$

떠날 시간

커피는 됐어! 지금까지 우리는 벽에 걸린 이상한 식들을 다 보았고 대접해 준 커피를 마시려고 기다릴 생각도 없으니까 빨리 문으로 향하는 게 좋겠다. 한 가지 찜찜한 것은 수학자들이 왜 이것을 가지고 웃는지 알아내지 못했다는 것이다.

$$\frac{(b+a)(2b-a)(a-b)^2}{(b-a)(b^2-a^2)(2b-a)} - 1$$

게다가 그들은 지금도 웃고 있지 않은가. 도대체 뭐가 그리 우스운 걸까?

분명 뭔가 있다. 이대로 떠날 순 없는 일. 잠시 짬을 내어 우리 힘으로 이들이 무슨 장난을 치고 있는지 알아내야겠다.

그럼, 아니고말고! 그 많은 괄호들을 다 곱하면 어떻게 되는지 이미 다 봤으니까 말이야. 사실, 여기 다른 비법이 있다.

❌ 꼭 필요할 때까지는 괄호들을 곱하지 말 것(물론 정 하고 싶다면 말리지 않는다. 그걸 즐기는 사람도 있으니까).

실제로, 어떤 계산을 하기 전에 괄호를 없앨 수 있을 때가 꽤 많다.

지워서 없애 버릴 수 있는 괄호가 있는지 볼까…….

뭐가 보이지? 분자에 $(2b-a)$가 있는데 분모에도 하나가 더 있다. 그러니까 그걸 지우면 된다! 못 할 거 없잖아?

만약 $\frac{15f}{5}$가 있다면 분자와 분모를 5로 약분할 수 있다. 그러면 $\frac{3f}{1}$이니까 결국 $3f$와 같다. $\frac{a}{8ab}$인 경우에는 $\frac{1}{8b}$이 된다.

괄호가 있어도 어려울 게 없다. 똑같은 괄호가 있는지 찾아서 지우면 그만이다.

$$\frac{(c+2d)}{(c+2d)}=1 \text{ 또는 } \frac{7(m-p)}{8(m-p)} = \frac{7}{8}$$

또는 $\dfrac{(r-s)(r+s)}{(r+s)(r-2s)} = \dfrac{(r-s)}{(r-2s)}$

마지막 예를 잘 보면 알겠지만, 분자와 분모에 있던 $(r+s)$는 지울 수 있지만 $(r-s)$와 $(r-2s)$는 서로 다르기 때문에 지울 수 없다.

$$\dfrac{(b+a)(a-b)^2}{(b-a)(b^2-a^2)} - 1$$

이것은 $(2b-a)$로 약분한 거야. 훨씬 깔끔해졌지!

조금 나아 보이기는 하지만, 그래도 딱히 우스운 점은 찾을 수 없다. 이제 어떻게 할까? 모든 괄호가 서로 다르지만 만약에 (b^2-a^2)을 한번 쑤셔 보면 어떨까? 이것은 두 거듭제곱의 차이 므로 $(b+a)(b-a)$로 바꿀 수 있다. 이걸 써 보면,

$$\dfrac{(b+a)(a-b)^2}{(b-a)(b+a)(b-a)} - 1$$

아니, 분자와 분모에 $(b+a)$가 생기잖아! 그럼 이것도 지울 수 있겠군.

$$\dfrac{(a-b)^2}{(b-a)(b-a)} - 1$$

훨씬 낫네! 이제 어떻게 하지?

만약에 두 개의 $(b-a)$라는 괄호를 좀 바꾸어서 분자와 분모 모두 $(a-b)$를 가지게 한다면 정말 근사하지 않을까?

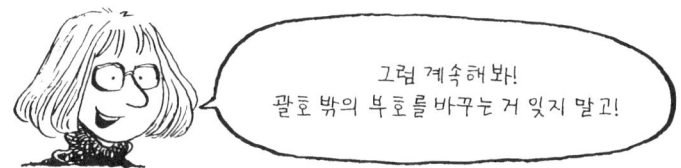

그녀의 말이 맞다! 분모를 살펴보자. 우리가 $(b-a)(b-a)$로 시작했다면 첫째 괄호를 바꿔서 마이너스 부호를 붙여 주면 $-(a-b)(b-a)$가 된다. 좋다, 해 보지 뭐. 한편 분자의 $(a-b)^2$을 가지고 $(a-b)(a-b)$로 바꿀 수 있다.

$$\frac{(a-b)(a-b)}{-(a-b)(b-a)} - 1$$

이제 분자와 분모의 $(a-b)$를 약분할 수 있다! 좋았어.

$$\frac{(a-b)}{-(b-a)} - 1$$

아니 잠깐만, 분모에 저게 뭐야! 이런, $-(b-a)$는 $(a-b)$와 같은 거잖아.

$$\frac{(a-b)}{(a-b)} = 1$$

그럼 전체를 약분하면 1-1

그렇게 해서 앗! 시리즈 실험실에서의 즐거운 또 하루가 막을 내리게 된다. 지금이야말로 몰래 빠져나가야 할 때다. 여러분이 이 모든 대수를 이해 못 한다고 해도, 적어도 생각해 볼 만한 수수께끼는 또 있다. 여러분은 어떻게 들어갈 때처럼, 식어버린 커피가 반쯤 남은 플라스틱 컵을 다시 들게 되었을까? 여러분도 보았다시피, 수학자들은 아주 별난 사람들임에 틀림없지만 이 사실만큼은 인정해야 할 것이다. 그들은 행복하다는 것. 만약 지구의 모든 사람들이 그들과 같다면 세상이 훨씬 더 살 만해질지 누가 알겠는가?

은행 시계의 수수께끼

도시 : 미국 일리노이 주 시카고
장소 : 시민공원
날짜 : 1928년 10월 5일
시간 : 오후 6시 32분(그리고 44초)

해가 뉘엿뉘엿 저물어 지평선 위로 떨어질 무렵, 시어볼드 기념상 분수에서 갑자기 물이 치솟더니 곧 수그러들었다. 27개의 거대한 분사구가 하나같이 죽은 듯 멈추고, 마지막 물 몇 방울이 외롭게 적막을 깨뜨리고 있었다.

"우와!" 어디선가 속삭이듯 굵은 목소리들이 낮게 들려왔다. "진짜 멈추었잖아!"

당황한 비둘기 한 마리가 시어볼드 기념상의 돌로 된 나팔 위에 앉아서 그 속삭임이 나는 곳을 찾아 두리번거렸다. 공원에는 아무도 없는 것 같았다. 다만 덤불 숲 근처의 벤치에 거대한 신문 한 장이 길게 펼쳐져 있었다. 그 신문 아래로는 바지를 입은 열네 개의 다리가 나와 있었다.

"그럼 설명해 봐, 면도날." 신문 뒤에서 위즐의 목소리가 들렸다. "분수가 멈추는 게 우리의 은행털이 계획과 무슨 상관인데?"

"맞아, 총이 필요 없다니 무슨 말이야? 방금 네가 자루와 횃불만 있으면 된다고 했잖아." 전기톱 찰리의 목소리였다.

"조용히 해 봐!" 면도날 보첼리가 낮게 소리치면서 신문을 살짝 내리더니 불안하게 주변을 돌아보았다. 벤치 밑에 떨어진 먹을 것이 있나 살피며 날개를 푸드덕거리는 비둘기 한 마리가 보였다. "거기, 비둘기 친구. 쉿!"

고개를 든 비둘기는 코앞에 들이민 반쪽미소 가브리아니의 권총을 보고 깜짝 놀랐다.

"내 말 들어." 반쪽미소가 느릿느릿 말을 이었다. "둥지를 만들든지 알을 낳든지 아무거나 좋으니까 어서 여기서 꺼져. 이건 은밀한 사업상의 회의거든."

비둘기는 태연하게 시어볼드의 나팔을 향해 총총히 돌아갔다. 초저녁부터 이런 일을 당하다니, 비둘기의 기분이 좋을 리 없겠지.

"면도날, 뭐 해? 우린 빨리 그 은행에 대해 알고 싶단 말이야." 위즐이 신문의 다른 쪽을 내리면서 물었다.

면도날이 대답했다. "말하자면 이런 거야……. 저 분수에 사용되는 전기선은 은행의 것과 같아."

"그럼 분수의 전기가 나가면 은행의 전원도 나간다 이 말이지?"

"바로 그거야." 면도날이 맞장구를 쳤다. "일단 전원이 나가면 자동으로 다시 가동될 때까지 정확히 2분이 걸려. 넘버스가 지금 그 시간을 확인하고 있어."

"정말 굉장해! 그러니까 2분 동안 은행에 전기가 끊긴단 말이지?" 전기톱이 놀란 소리로 물었다.

"그거 끝내 준다. 2분 내내 은행의 경보장치가 작동하지 않는다니……." 지미가 킬킬거렸다.

"그뿐이 아니야." 면도날이 계속 설명했다. "만약 밤에 전기가 나간다면 불빛도 없어질 거야. 그럼 그 2분 동안 똑똑한 사내 일곱이 횃불과 자루를 들고 은행을 휩쓸며 녹색의 돈다발을 쓸어 담을 수 있지! 사람들이 공포에 떠는 동안, 우리는 돈을 싸는 거야. 내 생각 어때?"

"면도날 형, 형은 진짜 천재야!" 삼겹살 포키가 감탄했다.

"뭘. 어쨌든 고마워, 동생." 모두가 동의하며 고개를 끄덕이자, 면도날은 얼굴이 붉어지지 않도록 애써야 했다. "하지만 비밀로 해야 해, 알았지? 절대 아무한테도 말하지 않는다고 맹세해."

"맹세하고말고. 면도날이 천재라는 걸 누구한테도 말하지 않을 거야." 그들은 한 목소리로 엄숙하게 약속했다.

"그런데 왜 전원이 차단되는 거야?" 전기톱이 물었다.

"그건 은행의 시계와 관련이 있어." 면도날이 대답했다.

"시계의 전원은 어떻게 차단되는데?" 전기톱이 다시 물었다.

"전문적인 것까지 나한테 묻지 마. 너희들 머리로는 수준 높은 정보를 감당 못 할걸."

"그래도 설명해 줘." 다른 여섯 남자가 고집을 부렸다.

"그건……." 면도날은 더듬거리며 말을 이었다. "시계에는 긴 바늘과 짧은 바늘이 있지? 그런데 짧은 바늘이 전원을 잘라 버리거든. 그래서 원래 '자르는 바늘'인데 다들 짧은 바늘이라고 부르게 된 거야. 틀림없어."

"그래도 난 이해가 안 가……."

"조용히! 누가 온다!" 면도날이 끼어들면서 황급히 신문을 올려 그들의 얼굴을 가렸다.

분명 누군가 오솔길에서 또각또각 우아하게 뾰족구두 소리를 내며 그들을 향해 다가오고 있었다. 저녁 산책을 나온 어느 회사 비서일까? 아마도 푸석푸석한 부스러기가 묻은 머핀을 하나 들고 있을지 모른다. 비둘기가 깡충 뛰어내리더니 반가운 듯 종종거리며 그 뾰족구두 쪽으로 다가갔다.

"저리 가!" 차가운 목소리가 들렸다. "얼른 안 가면 그 주둥이를 꿰매 버릴 거야. 지저분한 녀석 같으니."

그 비둘기가 이 공원에서 3년 동안 살 수 있었던 것은 언제 도망쳐야 하는지 잘 알기 때문이었다. 그래서 정말 현명하게, 비둘기는 순순히 물러났다. 두 번째로 쫓겨나다니, 오늘 저녁 비둘기의 운수는 꽤 사나운 편이었다. 뾰족구두는 신문 쪽으로 다가가더니 멈춰 섰다.

"안녕하세요, 면도날."

"사람 잘못 보셨습니다." 신문 뒤의 목소리가 대답했다.

"면도날, 이건 지난주 화요일 신문이잖아요."

신문이 천천히 내려졌다. 일곱 남자는 순진한 표정으로 뾰족구두를 신고 꼭 끼는 분홍색 코트를 입은 숙녀를 쳐다보았다.

돌리가 날카롭게 따졌다. "면도날, 뭐 하는 거예요? 해가 질

때까지 사람들 눈에 안 띄게 잘 단속하라고 했잖아요."

"우린 그냥 면도날의 계획이 과연 통할지 검토하던 중이었어요." 전기톱이 말했다.

"누구의 계획 말인가요? 언제 면도날이 계획을 세운 적 있었나요?" 돌리는 전기톱의 말을 무시했다.

"이봐! 자루를 가져가서 돈을 담아 오자는 건 내 생각이었어. 돌리가 세운 계획은 나머지 것뿐이잖아." 면도날이 발끈했다.

"그런데 돌리, 다음번에 전기가 나가는 시각을 어떻게 알 수 있지?" 위즐이 물었다.

"면도날한테 묻지 그래요? 다 그의 계획이니까." 돌리가 콧방귀를 뀌었다.

"다음번에 분수가 멈출 때야." 면도날이 대답했다.

"그때가 언제인데?"

"그건, 저기……."

면도날이 우물쭈물하자, 보다 못한 돌리가 설명했다.

"시계탑 안에는 두 개의 전선 케이블이 있어요. 내가 아는 사람이 그걸 손봐서 하나는 시계의 시침에, 하나는 분침에 고정시켜 놓았죠. 시계의 분침이 시침 위를 지나는 바로 그 순간, 두 케이블이 접촉하게 돼요. 그러면 전기 합선이 일어나는 거죠."

일곱 남자가 일제히 시계를 쳐다보았다. 확실히, 분수가 멈추었던 때는 시계 분침이 시침을 지나던 순간이었다.

"그러니 시곗바늘 두 개가 만나는 순간부터, 동력차단기가 스스로 다시 작동할 때까지 2분을 벌게 되는 거예요." 돌리는 계속 설명했다. "6시 35분이 다 돼가고 있어요. 다음번 시곗바늘이 교차할 때는 이미 어두워졌을 테니까, 여러분은 은행 쪽으로 가서 준비를 하세요. 설마 돈을 챙기고 나오는 데 단 1초라도 허비할 생각은 없겠죠?"

"물론입죠!" 남자들이 복창했다.

"그럼 나중에 루이기 식당에서 만나 분배해요." 돌리는 이 말과 함께 돌아서서 자리를 떴다. 그녀는 뒤도 돌아보지 않고 덧붙였다. "이번 일은 절대 망치면 안 돼요."

"이제 2분이 지났어! 전기가 다시 들어올 거야." 넘버스가 자기 손목시계를 보며 말했다.

"그런데 왜 분수에서 물이 다시 나오지 않는 거야?" 위즐이 물었다.

"잘 들어 봐!" 분수를 살피러 갔다 온 전기톱이 말했다. "펌프가 돌아가고 있어. 저 분출구에 귀를 대 보면 파이프에 물이 흐르는 소리가 들릴 거야."

반쪽미소 가브리아니가 따라서 분수에 귀를 대었다.

"진수성찬을 배불리 먹었을 때 포키의 배에서 나는 소리와 똑같네!" 반쪽미소가 웃음을 터뜨렸다. "어서 와 봐, 이 소리를 들어 봐야 해."

남자들이 우르르 분수로 달려가서 분출구에 귀를 대었다. 시어볼드의 나팔 위에서는 비둘기가 어이없다는 듯 그 모습을 바라보았다. 그리고 갑자기 물이 뿜어져 나오자 비둘기는 그날 저녁의 자기 운수가 그다지 사나운 편은 아니라고 생각했다.

장소 : 시티 은행
시간 : 오후 7시 정각

일곱 명의 남자는 들고 있는 커다란 신문을 읽는 척하며 가로등 하나에 기댄 채 태연히 서 있었다. 그들의 발밑에 고인 물은 웅덩이를 이루어 천천히 보도 위로 번지고 있었다.
"면도날, 날이 어두워지고 있어." 포키가 말했다.
"모두 내가 계획했던 대로야." 면도날이 대답했다.
"앞으로 얼마나 기다려야 해?" 반쪽미소가 물었다. "집에 가서 옷 갈아입고 싶어. 분수 물 냄새도 고약하고 너무 추워."
"긴 바늘이 짧은 바늘과 만날 때까지 기다려야지." 면도날이 대답했다.

"그게 얼마나 걸리는데?" 반쪽미소가 다시 물었다.

"지금은 7시야. 짧은 바늘은 7에 있고 긴 바늘은 12에 있어. 문제는 긴 바늘이 돌아서 7까지 가는 데 얼마나 걸리는가 하는 거지."

"35분 걸려." 넘버스가 말했다.

"그, 그럼 35분을 기다려야 한단 말이야? 저, 젖은 바지를 입고 있으니까 추, 추워 죽겠어." 전기톱이 달달 떨었다.

"나, 나도." 왼손가락 지미도 거들었다. "독감이나 동상에 걸리긴 싫어. 고드름이 되는 것도 시, 싫어."

"그만 해!" 면도날이 소리쳤다. "조금만 있으면 부자가 된단 말이야. 50달러짜리로 불을 지펴서 몸을 녹일 수 있다고. 그깟 35분쯤 기다리는 게 뭐가 힘들어?"

"힘들어!" 모두가 투덜거렸다.

장소 : 여전히 시티 은행 밖
시간 : 오후 7시 30분
가로등 불빛 아래서 신문지가 부들부들 떨고 있었다.

"꽉 잡지 못해? 오늘의 요리를 읽고 있단 말이야." 포키가 말했다.

"나, 나도 어쩔 수가 없어." 위즐이 몸을 떨며 말했다. "너, 너무 떨어서 야, 양말이 내려갔어. 어, 얼마나 더 기다려야 전기가 나가지?"

"지금은 7시 30분이야. 이제 5분만 있으면 긴 바늘이 7에 가서 짧은 바늘과 만나게 돼." 면도날이 대답했다.

"아니…… 저것 봐!" 숨이 넘어갈 듯 전기톱이 말했다. "짧은 바늘이, 7에서 벗어났어. 움직인 거야!"

신문이 바닥에 떨어졌다.

"며, 면도날. 그 생각은 모, 못 했지?" 반쪽미소가 이를 딱딱 부딪치며 중얼거렸다. "긴 바늘이 움직이는 동안 짧은 바늘도 조, 조금씩 움직인다는 것을!"

"그, 그래서?" 면도날이 팔짱을 끼고 발을 구르며 대꾸했다. "몇 분만 더 기다리면 긴 바늘이 작은 바늘을 따라잡을 거야."

"정확히 며, 몇 분이 더 거, 걸리지?" 위즐이 우는 소리를 했다.

"알았다!" 넘버스가 소리쳤다. "짧은 바늘이 7에서 8까지 움직이려면 한 시간이 걸려, 맞지?"

"그래." 모두가 동의했다.

"지금 시각은 7시 반이야." 넘버스가 설명하기 시작했다. "짧은 바늘은 정확히 7과 8 사이의 중간에 있어. 그리고 긴 바늘 역시 7과 8 사이의 중간까지 가야 해. 그 지점까지 가려면 2.5분이 걸려. 다시 말해서 지금부터 7.5분이 걸린다는 얘기야."

"그, 그때까지 차, 참을 수 없을 것 같아!" 전기톱이 말했다.

"나, 나도." 지미가 거들었다.

"뭐, 그까짓 거! 7.5분만 견디면 그 끝에 엄청난 돈이 기다린다는 얘기잖아?" 면도날이 센 척하면서 거드름을 피웠다.

"실은 그보다 더 걸려." 넘버스가 대답했다.

"뭐?" 모두가 소리를 질렀다.

"긴 바늘이 7.5분을 이동해 가는 동안, 짧은 바늘은 아주 조금 더 앞으로 가게 될 거야. 긴 바늘이 다시 그만큼을 따라잡는 동안 짧은 바늘은 조금 더 앞으로 갈 거야. 그리고 다시 긴 바늘이 조금 움직이는 동안 짧은 바늘은 조금 더 앞으로 가게 되고……."

"그렇다면 긴 바늘이 짧은 바늘이 있던 자리까지 갈 때마다 짧은 바늘은 벌써 앞으로 가 있겠네!" 위즐이 소리 질렀다. "그러니까 그 얘기는 긴 바늘이 절대 짧은 바늘을 따라잡을 수 없다는 거잖아!"

"맙소사!" 다들 한 목소리로 소리쳤다.

"그럴 리가 없어!" 면도날이 말했지만 너무 늦었다. 나머지 남자들은 어디서 힘이 났는지 아늑한 불빛과 냄새를 풍기는 어퍼 메인 거리를 향해 뚜벅뚜벅 걸음을 옮기고 있었다. 혼자 남은 면도날이 시계를 쳐다보았다.

"그러니까 긴 바늘이 짧은 바늘이 있던 자리까지 가면 짧은 바늘은 이미 앞으로 가 있다는 거지." 그는 씁쓸한 기분으로 중얼거렸다. "제길, 결국 이 은행에 두 손 들었군. 놈들이 기가 막히게 영리한 시계를 설계했던 거야."

그는 주머니 깊숙이 손을 찌르고 서둘러 나머지 갱들을 쫓아갔다.

장소 : 어퍼 메인 거리의 루이기 식당
시간 : 오후 7시 34분

"말도 안 돼! 무슨 소리예요, 두 개의 시곗바늘이 절대 만나지 않는다니?" 돌리가 소리 질렀다.

탁자에 둘러앉아 떨고 있는 일곱 남자가 다시 설명하기 시작했다.

"그러니까, 긴 바늘이 짧은 바늘이 있던 자리를 향해 움직일 때마다……."

"짧은 바늘이 조금씩 앞으로 가게 되니까……."

"그래서 긴 바늘이 다시 짧은 바늘 쪽으로 조금 가면……."

"그 사이에 작은 바늘은 또다시 조금 더 앞으로 가게 되고……."

"여기요!"

돌리가 소리쳤다. 루이기가 카운터 뒤에서 달려오더니 돌리에게 사과했다.

"죄송합니다, 돌리 양. 주문하실 준비가 됐다는 걸 미처 몰랐습니다."

"네, 주문하지요. 포도주 큰 걸로 한 잔 주세요."

"신사분들은요?" 루이기가 물었다.

"아, 아무거나 화끈한 걸로. 화끈할수록 좋아." 위즐이 덜덜 떨며 말했다.

"화끈한 거요?" 루이기가 되물었다. "아, 그럼요! 오늘은 화끈한 걸 드릴 수 있어요. 수프를 한 솥 만들었는데, 이 수프가 너무 화끈하게 된 것 같습니다."

"무슨 소리야, 너무 화끈한 것도 있나?" 전기톱이 말했다.

"원래 후추를 듬뿍 넣은 칠리 바닷가재 수프를 만들 생각이었는데, 베니가 바닷가재 사 오는 걸 깜빡했지 뭡니까. 어쨌든 뜨겁고 맵고 화끈할 겁니다." 루이기가 설명했다.

"그럼 어서 가서 가, 가져와! 죄다 가져오라구. 그리고 빨리!" 반쪽미소가 다그쳤다.

루이기는 황급히 자리를 떴다.

"잘들 봐요, 돌머리 아저씨들. 시계가 7시를 가리킨다고 상상해 봐요." 돌리가 설명하기 시작했다. "했어요?"

"그래."

"이번엔 8시를 가리킨다고 상상해 봐요."

"했어."

"어떻게 긴 바늘이 짧은 바늘을 지나지 않고 한 바퀴를 돌았을까요?"

"그건……."

"멍청이들! 물론 짧은 바늘 위를 지나갔으니까 그렇죠." 돌리가 빈정거렸다.

"그래, 어쨌든 지나갔어. 하지만 언제 지나갔지?" 면도날이 물었다.

우선 시계가 7시를 가리킨다고 하자. 시계판 위를 돌아가는 시곗바늘을 다룰 때, 시곗바늘이 움직인 거리는 중요하다. 가장 쉽게 그 거리를 측정할 수 있는 방법은 '분'으로 세는 것이다. 시곗바늘이 시계판을 한 바퀴 돌 때, 그것은 60분 '거리'이다. 물론 긴 바늘은 1분의 시간 동안 1분 '거리'를 움직이지만 여기서는 그것을 무시하기로 하자.

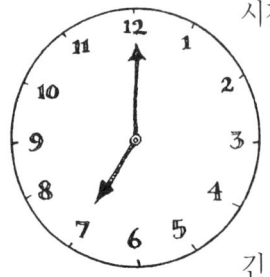

우리가 구해야 할 답은 긴 바늘이 짧은 바늘을 지나가기 위해서는 몇 분만큼 움직여야 할까 하는 것이다. 그것을 m이라고 하자.

긴 바늘이 움직인 거리는 두 가지로 나누어 생각할 수 있다.

● 우선, 긴 바늘은 시계판의 12부터 출발해 7까지 가야 한다. 즉 35분 거리만큼 움직인다.

● 긴 바늘은 여기서 조금 더 가야 한다. 이것은 긴 바늘이 총 거리인 m분을 움직이는 동안 짧은 바늘이 움직인 거리를 말한다. 이 거리를 e라고 하자.

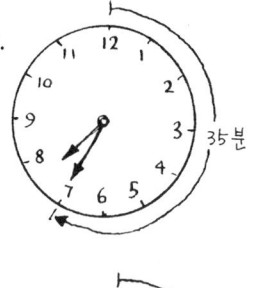

이 두 거리를 합치면 이렇게 되겠지?

$m = 35 + e$

이제 우리가 할 일은 e를 계산하는 것인데 곰곰 생각해 보면 아주 간단하다.

12시간 동안 긴 바늘은 시계판을 열두 번 돌고 짧은 바늘은 한 번 돈다. 다시 말해, 짧은 바늘은 긴 바늘이 움직인 거리의 $\frac{1}{12}$만

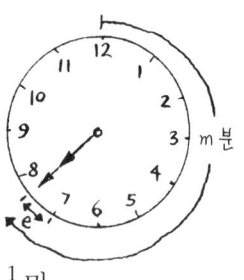

큼 움직인다. 그러니까 긴 바늘이 m분 거리만큼 움직이는 사이, 작은 바늘은 $\frac{m}{12}$분 거리를 가게 된다. 결국 $e=\frac{m}{12}$

여기서 면도날의 문제로 돌아가 보자.

$m=35+e$ 그리고 $e=\frac{m}{12}$ 이므로

$m=35+\frac{m}{12}$ 미지수가 하나네! 이건 풀 수 있지. 우선 모든 항에 12를 곱한다.

$12m=420+m$ 이제 양변에서 m을 뺀다.

$11m=420$ 그리고 다시 양변을 11로 나누면……

$m=\frac{420}{11}=38.182$분

여기서 m은 바늘이 움직인 거리라는 점을 기억하자. 이걸 시간으로 따진다면 m분이 걸린다는 얘기다. 38.182분이라는 시간은 사실 좀 이해하기 힘드니까, 멋지게 보이려면 0.182분을 초로 나타내 주는 게 좋다. 0.182×60=약 11초. 드디어 풀었다! 그럼 최종 답은……

운행 시계의 두 바늘은 7시 38분 11초에 만나게 된다.

루이기가 포도주 잔을 돌리 앞에 내려놓았다.

"여기 있습니다. 그리고 준비된 수프를 베니가 곧 가져올 겁니다."

돌리는 잔을 들었다.

"정말 허무하군요." 그녀는 깊게 한 모금 들이마셨다. "당신들이 그런 멍청한 생각을 하다니."

"나는 아직도 두 바늘이 언제, 어떻게 만나는지 모르겠어." 위즐이 말했다.

"그래. 우리가 아는 건 전원이 꺼지는 사건은 절대 일어나지 않는다는 거야." 전기톱이 거들었다.

"아니, 전원은 꺼질 거예요!" 돌리가 의자를 뒤로 밀치더니 루이기 식당의 벽시계를 향해 다가갔다. "시간을 보세요. 7시 38분이에요. 시곗바늘 두 개가 저렇게 가까워졌는데도 아니라고 할 건가요?"

"수프 나왔습니다!"

웨이터 베니가 힘겹게 탁자로 다가가며 말했다. 그가 들고 있는 커다란 수프 그릇 주변에 녹색 수증기가 피어올랐다.

"다시 말하지만 은행과 분수, 그뿐 아니라 여러 곳에 공급되는 전원이 이제 곧 차단될 테니까 나중에 가서 내가 미리 경고하지 않았다는 말은……."

베니가 돌리의 의자에 발이 걸린 순간, 식당 전체가 깜깜해졌다. 펄펄 끓는 칠리 수프 7리터가 사방으로 쏟아지면서 일곱 남자의 비명이 허공을 갈랐다.

"……안돼!"

축과 도표, 러브버거의 비행

하루 저녁 시간을 내어 브라운풀 바닷가에 가고 싶은 사람을 위해 여기 다섯 군데의 주요 명소가 표시되어 있는 간편한 지도를 소개한다.

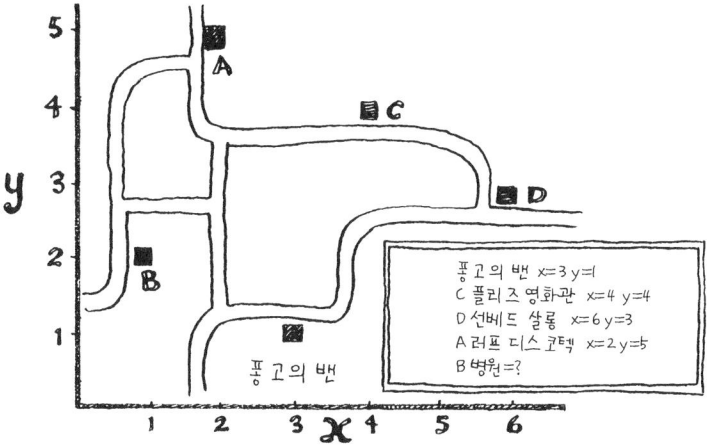

아래쪽에 길게 그어진 가로줄에는 'x' 표시가 있고 왼쪽의 세로줄에는 'y'라는 표시가 있다. 풍고의 밴이 어디 있는지는 금방 알겠지? x선의 3 바로 위쪽, y선 위의 1이 있는 데서 옆으로 곧장 뻗어간 지점이다. 그러니까 이 지도에서 풍고의 정확한 위치는 $x=3, y=1$이라고 할 수 있겠지.

여러분은 이 지도에 표시된 문자들 중 어느 것이 영화관이고 선베드 살롱이고 디스코텍인지 알 수 있는지? 그러나 브라운풀에서 하루 저녁을 보낸 후 여러분이 꼭 알아야 할 중요한 것이 있다. 바로 병원인데, 지도상에서 병원을 표시하는 문자는 무엇일까? 병원의 위치를 x와 y로 어떻게 나타내면 될까?

답 : 영화관은 C, 선베드 살롱은 D, 디스코텍은 A, 병원은 B (x=1, y=2)

두 수를 사용해 지도 위의 한 장소를 나타낼 때, 이것을 좌표라고 한다. 수학에서 아래쪽을 가로로 지나는 x 선을 x 축이라고 하고, 옆에서 세로로 올라간 y 선을 y 축이라고 한다. 이 둘을 합친 것이 두 개의 축이다. 일단 진도가 여기까지 이르면 찍기 좋아하는 도끼족의 수학교사 우르굼은 난처한 일을 당하게 된다.

좌표를 찍는 것이 생각보다 신나는 일이라는 걸 알겠지? 물론 그냥 그려도 상관없지만 말이다.

❌ 어느 것이 x 축인지 헷갈릴 것 같으면 다음의 바보 같은 방법을 기억하도록. x 축과 y 축이 만났는데 y 축이 x 축을 때려눕혔다고 상상하자. 바닥에 누워 있는 것이 x 축, 서 있는 것이 y 축이다. 한 대 맞고 바닥에 누워 있다면 기분이 나쁘다. 아닌 세 아니라 욕이 절로 나오겠지? 그럴 땐 뭐라고 하지? x! 그래, 바로 그것이 x 축이다.

거의 모든 사람들이 지도 위의 한 지점을 정확히 표시하기 위해 좌표를 사용할 줄 안다. 그러나 우리는 아름다운 브라운 풀을 통째로 뽑아 버리고 그 자리에 깨끗한 그래프용지를 갖다 놓아 보겠다.

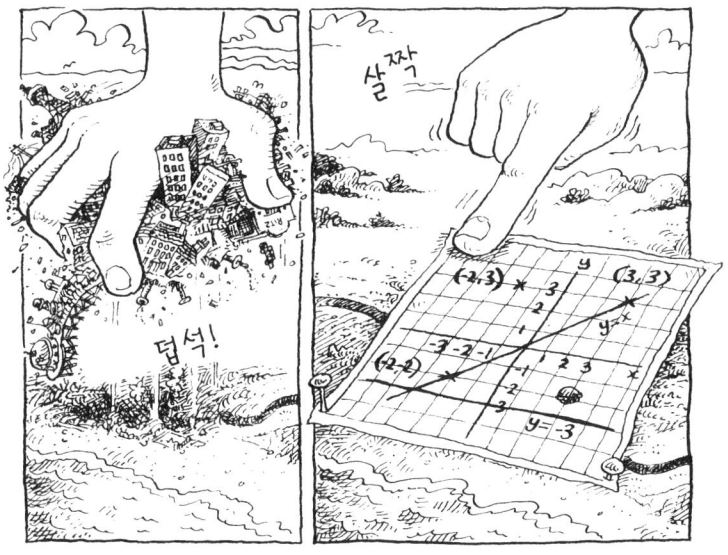

그래프 용지에는 어떤 것을 표시하고 길이를 측정하기 쉽게끔 작은 사각형들이 많이 그려져 있다. 여러분은 일단 한 쌍의 축을 그려 놓으면 엄청나게 많은 것을 할 수 있다. 어떤 수를 사용하고 싶은지에 따라서 마음대로 축의 길이를 정할 수 있다. 게다가 축을 교차시킨다면 약간의 음수들까지 사용할 수 있다. 그 모든 것이 어떻게 적용되는지 약간의 예를 들어 설명해 보자.

- $x=-2$이고 $y=3$이라는 작은 교차점이 있다. 사람들은 그래프 위에서 이 점을 나타낼 때 보통은 번거롭게 '$x=$' 이라거나 '$y=$' 같은 말을 하지 않는다. 그냥 이 점은 (-2, 3) 위에 있다고 말한다. 여기서 기억해야 할 비밀은 'x' 값이 항상 먼저 나온다는 것이다. 왜냐고? 알파벳 순서로 따져서 x가 y보다 먼저이기 때문이지.
- 이 그래프에서 아래쪽에 가로로 길게 지나는 직선은 '$y=-3$'이라는 꼬리표가 붙는다. 여러분이 이 선 위 아무 데나 점을 찍는다고 해도 y의 값은 항상 -3이 된다.
- 또한 이 그래프에는 $y=x$라는 사선이 그려져 있다. 뭔가 괜히 복잡한 느낌이 들지만 사실은 아주 간단하다! 이 직선은 그래프 위에서 x값과 y값이 똑같은 모든 점들을 이어 놓은 것이다. 이 직선 위의 아무 데라도 작은 십자 표시를 해 놓고 보면 $y=x$라는 사실을 발견하게 될 것이다. 그래프에서 (3, 3)이나 (-2, -2) 등의 점은 그 사실을 여러분에게 보여 주려고 표시한 것이다.
- 그리고 (3, -2)에 있는 것은 떨어진 햄버거 조각이다.

방정식을 그림으로 그리는 법

수학에서 정말 이상한 것 중 하나는 두 개의 미지수를 가진 방정식이 있다면 이것을 그래프 위의 직선으로 나타낼 수 있다는 점이다. 두 개의 미지수를 가진 방정식 가운데 가장 간단한 식은 $y=x$ 이다. 우리는 앞서 나왔던 좌표 평면에서 그 식이 어떻게 나타나는지 보았다. 그렇다면 이번에는 더 화려한 방정식들을 살펴보자. 이런 방정식은 거의 항상 '$y=$' 으로 시작되며 좀 더 복잡한 것들은 x 가 있는 변에 몰려 있다.

우선 $y=2x-3$ 부터 그려 볼까?

이 방정식을 만족시키는 x 와 y 값을 몇 개 구한 다음, 그것을 그래프 위에 표시하면 된다. 이것이 점을 좌표로 옮기는 작업이다. 이렇게 몇 개의 점을 찍은 뒤 그것들을 직선으로 연결한다.

- 우선 x 에 해당하는 값을 정한다. 그런 다음 그 값을 방정식에 대입해서 y 값이 얼마가 될지 계산한다. x 값은 여러분 내키는 대로 아무거나 고를 수 있다. 간단하게 $x=0$ 으로 하자. 이것을 방정식에 대입해 보면 $y=2\times0-3=-3$ 이다. $x=0$ 일 때, $y=-3$ 이다.
- 이제 그래프에서 $(0, -3)$의 좌표를 찾아 조그맣게 표시를 한다.
- 계속해서 x 값을 몇 개 더 정하고 y 값이 각각 얼마인지 알아

본다. 가장 깔끔한 방법은 테이블을 그리는 것이다.

하하하. 미안. 테이블(table)이란 말에는 도표란 뜻도 있거든. 그 말장난을 빠뜨리고 넘어갈 수 없지. 그런데 문제는 우리 〈앗! 시리즈〉의 실없는 삽화가 아저씨가 웃음을 그치고 눈물을 닦고, 진정하기까지 몇 분은 기다려야 한다는 거지. 이제 준비 됐습니까, 삽화가 선생님?

네, 이제 됐습니다. 쿡 쿡······.

말하는 동안 $y=2x-3$에 대한 도표가 그려졌네. 우리는 x 값을 -2부터 $+3$까지 해서 구해 보았다. 이것을 좌표로 옮겨 보면 그래프 위에 점들이 한 줄로 나타난다.

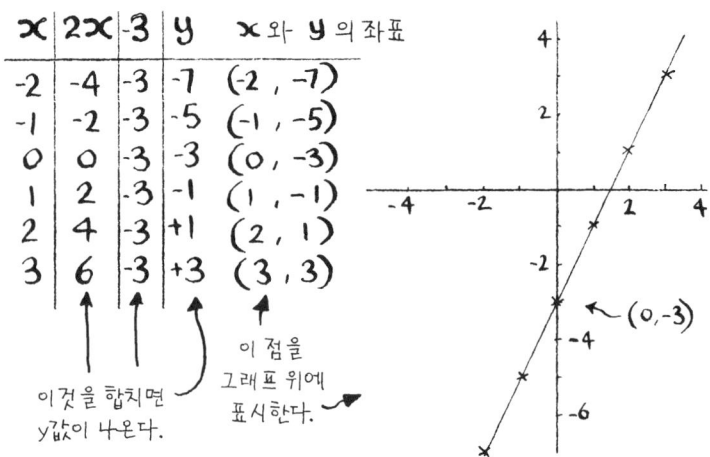

이 점들을 모두 이으면 직선이 나온다. 이 직선이 바로
$y=2x-3$을 나타낸다. 편리한 점은 여러분이 이 직선 위의 어느
위치를 골라도 항상 $y=2x-3$이라는 것이다. 그 예로 이 직선이
어디에서 x축을 지나는지 살펴보자. 그 점의 좌표는 $(1\frac{1}{2}, 0)$이
다. 그러므로 $x=1\frac{1}{2}$, $y=0$이 $y=2x-3$이라는 방정식을 만족시
키게 된다. 한번 계산해 보자. 그렇게 될 테니까.

이번에는 이 방정식만 가지고 서로 다른 두 항이 그래프에
어떤 영향을 주는지 알아보자.

- 기울기는 직선이 얼마나 가파른가 하는 것을 나타낸다.
- y 절편은 이 직선이 y 축 위의 어느 점을 지나는가 하는 것을
  나타낸다.(또는 $x=0$일 때 y의 값)

기울기

기울기 = $\dfrac{\text{위로 올라간 높이}}{\text{옆으로 간 거리}}$

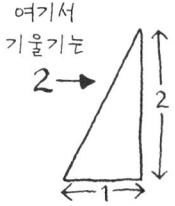

만약 직선인 그래프가 있다면 여기서 x의 계수는 직선의 기
울기를 말해 준다. 그러므로 $y=2x-3$의 그래프가 있다면 기울

기는 +2이다. 그 얘기는 이 직선이 옆으로 한 칸 갈 때마다 위로 두 칸 올라간다는 뜻이다. 다음 그림에서 서로 다른 기울기의 직선들을 살펴보자.

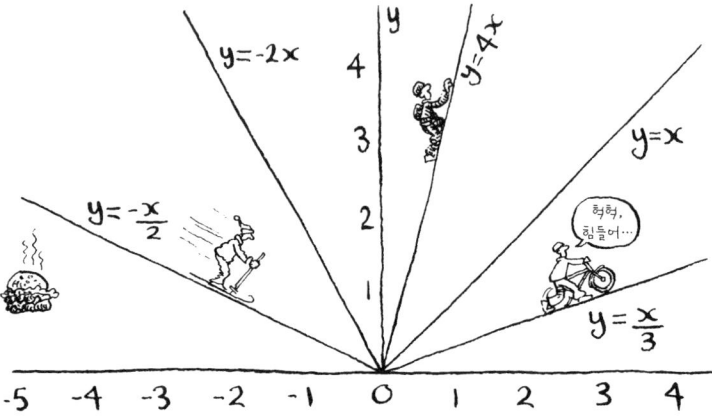

- 여기서 가장 가파른 직선은 $y=4x$ 이다. 왜냐하면 '4'가 가장 큰 수이니까.
- $y=\frac{x}{3}$ 의 그래프는 기울기가 가장 작다. $\frac{1}{3}$ 이니까. 여기서는 별로 가파르게 보이지 않겠지만 도로로 치자면 가장 가파른 도로에 해당한다. 이런 길을 자전거로 올라가려면 내려서 끌고 가야 할걸.
- 여기서 '올라가는' 직선이 아닌 '내려가는' 직선 두 개가 있다. 이 직선들의 기울기에는 마이너스 부호가 붙는다.
- (−5, 1) 지점에는 햄버거가 버려져 있다!

y절편

이 그래프에 그려진 직선들을 살펴보면, 저마다 직선을 이루는 방정식들이 씌어 있다.

직선들이 모두 똑같은 방향을 가리키고 있는 것이 보이는지? 그 이유는 기울기가 모두 +2이기 때문이다. 다른 점이 있다면

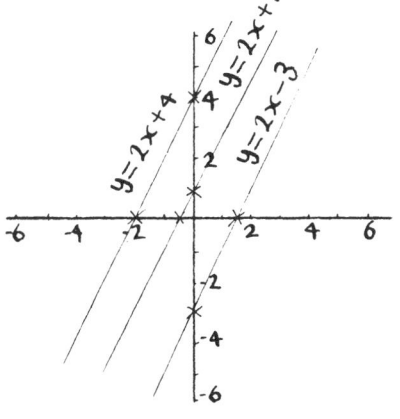

방정식의 끝에 붙어 있는 상수이다. 이 상수는 직선이 y축 위를 지나는 지점을 말해 준다. 그러니까 $y=2x-3$은 y축 위의 -3을 지난다. 이것은 $x=0$일 때의 y값이 -3이기 때문이다.

그래프로 두 개의 방정식을 한꺼번에 푸는 법

휴! 이 기울기니 뭐니 하는 것들을 설명하니 목이 마르다. 그

러니 고상한 학구열은 잠깐 접어 두고 풍고네 디럭스 버거 바에 들러서 목을 축일까? 풍고가 잠깐 자리를 비운 것 같으니까 기다리면서 차와 커피 가격이 얼마인지 게시판을 보자.

아, 이런. 누가 훈제 청어와 햄버거를 가격표에 던졌는지 몰라도 가려져서 안 보이잖아. 그렇다면 차 한 잔의 가격을 'y'라고 하고 커피 한 잔의 가격을 'x'라고 해 보자. 이제 두 명의 손님에게 각각 얼마를 냈는지 물어볼까?

좋았어! 우리는 이것으로 두 개의 작은 방정식을 만들 수 있다. 첫 번째는 $y+x=70$이다. 우리는 이것을 그래프에 표시할 생각이니까 좌변에는 y 혼자만 두고 '$y=$'으로 나타내야겠지? 그렇게 정리해 보면 $y=70-x$이다. 이 방정식에는 미지수가 둘이므로 이것만으로는 식을 풀 수 없다. 다행히도 두 번째 손님은 $2y=x+20$이라는 정보를 주었다. 이 식의 양변을 2로 나누면 $y=\frac{x}{2}+10$이 된다.

이제 두 개의 미지수를 가진 두 개의 방정식이 생겼다. 이 두 식을 연립방정식이라고 하는데, 이것을 푸는 방법에는 몇 가지가 있다. 나머지 방법들은 나중에 살펴보기로 하고 지금은 재미있는 방법부터 살펴보자. 우리가 할 일은 같은 그래프에 두 방정식을 나타내는 직선을 그리는 것이다!

두 직선이 (40, 30) 지점에서 만나게 된다. 그러므로 $x=40$, $y=30$이다. 이 정확한 지점의 x 값과 y 값은 두 방정식을

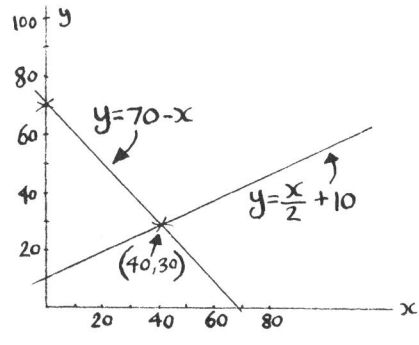

동시에 만족시킨다. 따라서 놀랍게도 이 위치가 답이다! 커피는 40원, 차는 30원이다. 우리는 이 가격을 손님들의 증언에서 확인해 볼 수 있다.

마른하늘에 날벼락도 아니고 대체 날버거는 뭘까?

놀라운 진실을 밝힐 테니 마음의 준비를 단단히 하도록. 아마 풍고가 외식산업 기술 전선을 후퇴시키려고 열심인 나머지 '러브버거'를 발명하느라 차 뒤에서 부산을 떠는 모양이다. 이 러브버거의 취지는 아름다운 베로니카 검플로스가 한 입만 베어 먹어도 사르르 그의 품안으로 녹아들 만큼 끝내 주게 맛있는 버거를 만들자는 것이다. 언제나 풍고를 응원하는 친구들이 그의 노력을 평가하기 위해 여기 모여 있다.

불쌍한 퐁고. 그는 환상적인 맛의 조화를 아직 찾아내지 못했다. 그러나 여러분은 마와 새싹채소 햄버거를 멋지게 쓰레기통에 골인시킨 솜씨에는 찬사를 보내야 할 것이다. 정말 놀랍지만 방정식을 사용하면 이 날버거가 공중을 날아간 정확한 경로를 알아낼 수 있다(이 날버거의 비행 경로를 유식하게 말하면 탄도라고 한다.)!

여러분이 퐁고의 햄버거 같은 어떤 물체를 던지면 올라갔다가 다시 땅으로 내려오는데, 지구의 중력 때문에 포물선이라 불리는 곡선을 그리며 날게 된다. 안타깝게도 공기 저항이 있어서 그 궤적이 정확히 포물선이 되는 건 아니지만, 퐁고의 날버거들이 꽤 묵직한 덕분에 공기의 영향이 아주 작아서 그리 큰 차이를 빚어내지는 않는다. 포물선을 표현하는 가장 간단한 방정식은 $y=x^2$이다.

만약 여러분의 방정식이 그냥 'x' 항을 가진다면 그래프에서 표현할 때 항상 직선이지만 x^2처럼 차수가 하나 늘어나면 곡선이 된다. 이것은 그리기도 재미있으니까 $y=x^2$을 일단 도표로 나타낸 뒤 그림을 그려 보자.

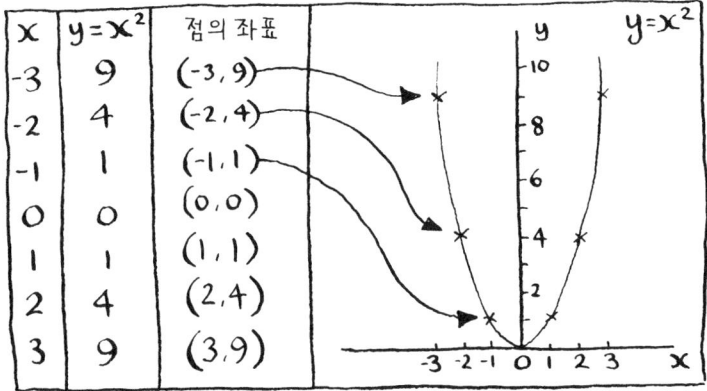

일단 충분한 점의 좌표를 구하고 그래프에 표시했으면 여러분의 예술적 솜씨를 십분 발휘해서 그 점들을 연결해 되도록 깔끔한 곡선으로 그린다. 그럼 $y=x^2$이 'U' 모양의 곡선으로 나타날 것이다.

하지만 내가 던진 햄버거는 올라가다가 내려왔지, 내려오다 올라간 게 아니잖아.

맞다. 우리가 그린 곡선의 형태가 맞기는 맞는데 이 방정식을 약간 변형시켜 곡선을 이동시켜야 한다. 이 방정식을 $y=-x^2$으로 바꾼다면 곡선 모양은 똑같되, 뒤집어진 형태가 된다.

그런데 x축이 꼭대기에 걸쳐진 모습이 아슬아슬하니 불쌍해 보인다.

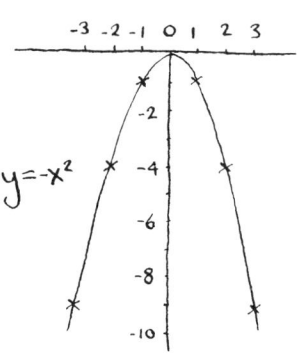

걱정하지 말자. 이 방정식에 상수를 집어넣으면 x축을 아래로 끌어당길 수 있으니까.

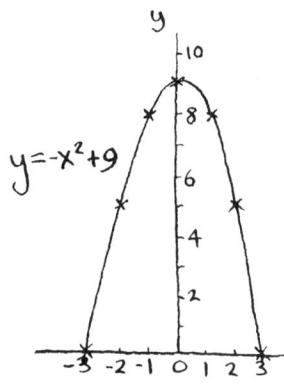

여기서 우리는 +9라는 상수를 집어넣어 $y=-x^2+9$라고 하겠다. 곡선이 얼마만큼 위로 올라갔는지 보자.

아하! 이제 풍고의 친구들이 새로운 러브버거의 맛을 시험하고 있군. 나름의 특별한 방정식을 가진 러브버거들의 운명은 수학적으로 어떻게 되었을까?

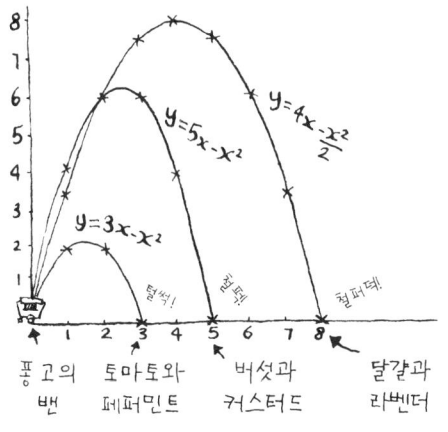

이 방정식들 모두 포물선 형태를 만드는 x^2항을 가지고 있다.

우리는 여기에 +9 같은 상수를 집어넣는 대신에, x항 하나를 집어넣어 모든 곡선이 (0, 0)을 지나도록 만들었다. 여기서 (0, 0)은 퐁고가 자신의 밴을 주차한 지점이다. 이제 맛의 결론을 내릴 때가 되었다.

퐁고가 열심히 종합 햄버거를 만드는 동안, 우리는 좀 더 복잡한 방정식들을 그래프로 알아보자. x^2이 곡선을 만든다는 사

실을 보았지만 $y=x^3$의 경우에는 'S' 자를 뉘어 놓은 듯한 이중 곡선을 가지게 된다.

그리고 $y=x^3+3x^2$의 그래프는 거의 롤러코스터처럼 된다.

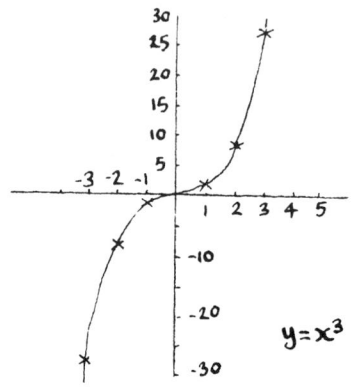

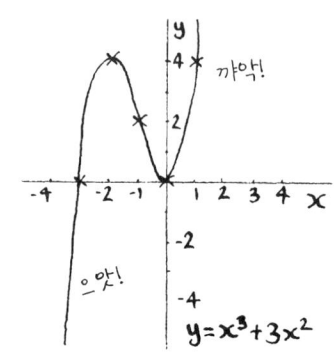

그런데 정말 이상한 것은 $y=\frac{1}{x}$이다. 이 방정식은 두 개의 곡선을 가지는데 두 곡선이 만나지 않는다. $x=0$일 때 y값을 알아낼 수가 없다. 사실 그 답을 말하자면 y는 플러스 또는 마이너스 무한대이다! 무한대가 둘이다!

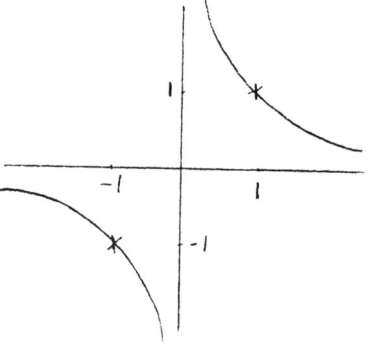

으아악! 바로 이럴 때 수학이 우주의 구조에 타격을 입힐 정도로 지극히 위험해지는 것이다. 그런 위험을 피하려면 어떻게 하면 될까?

만약 남과 다르게, 어려운 방식으로 원을 그리고 싶은 사람은 $x^2+y^2=1$의 좌표를 구해 그리면 된다.

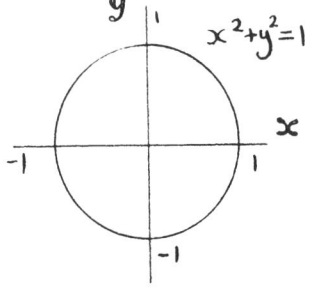

한편, 퐁고의 밴에서는 드디어 진실이 밝혀질 시간이 왔다.

이렇게 해서 우리는 이 장에 마지막 그래프를 그리게 된 것이다.

여러분은 이 러브버거의 방정식에 x^2항은 아예 없다는 사실을 눈치 챘을 것이다. 이것은 베로니카의 짜증이 지구의 중력

을 무력화할 만큼 엄청 강해서 러브버거가 우주 속으로 곧장 날아갔기 때문이다.

포물선

이상한 문제 하나 낼까? 자동차 헤드라이트, 비밀 도청장치, 전파망원경, 하늘을 나는 날버거, 이것들의 공통점은 무엇일까? 답은 포물선이다. 중력의 작용으로 물체가 포물선을 그리며 나는 것에 대해서는 앞에서 설명했지만, 다음 그림을 보자.

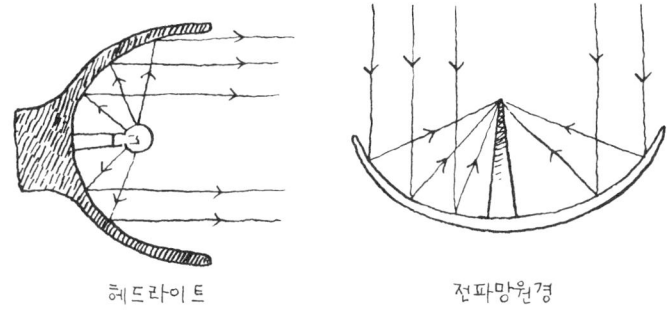

헤드라이트   전파망원경

포물선의 중심에는 '초점'이라고 하는 아주 특별한 지점이 있다. 여러분이 거대한 포물선 안의 초점 위에 서 있을 때, 포물선의 어느 곳을 향해 공을 던져도 공은 포물선에 튕겨서 열린 쪽을 향해 곧바로 날아간다. 자동차 헤드라이트나 커다란 스포트라이트의 반사경을 포물선처럼 만들고 그 초점에 전구를 놓는 것도 바로 이런 원리 때문이다. 전구에서 나온 빛들은 모두 반사경에 부딪친 뒤 똑같은 방향으로 되쏘아진다. 이렇게 하면 아주 또렷한 빛줄기가 나오게 된다.

비밀 도청장치는 그 반대로 작용한다. 이것은 초점에 마이크가 달린 포물선 모양의 접시이다. 멀리 떨어져 있는 사람에게 이 접시를 겨냥하면 접시는 그 방향에서 오는 소리들을 모아 초점을 향해 튕겨 준다. 따라서 마이크는 여러분이 원하는 소리를 잡아내며 다른 소리는 거의 잡지 않는다.

전파망원경도 도청장치와 비슷한 원리를 갖고 있다. 전파망원경이 우주 공간의 어떤 물체를 향하게 되면 접시는 다른 모든 것을 무시한 채 많은 정보를 수집하도록 해 준다. 그렇다면 이 망원경은 무얼 보고 있는 걸까?

두 개의 문제

만약 하나의 미지수를 가진 하나의 방정식이 있다면 대개는 그 식을 풀 수 있다. 반면 두 개의 미지수를 가진 하나의 방정식이 있다면 여러분은 손을 쓸 수가 없을 것이다. 그렇지만 똑같은 두 개의 미지수를 가진 두 개의 방정식이 있다면 풀 수 있다. 이와 같은 한 쌍의 방정식을 연립방정식이라고 하는데, 앞서 153쪽에서 연립방정식을 만난 적이 있지? 자, 냉큼 브라운풀 바닷가의 관광열차에 올라타 보자. 그러면 무슨 얘기인지 알 수 있을 테니까.

오늘 오전까지 이 기차는 패스트벅에 갔다 왔고, 그 후 그림소프에 가서 정차했다. 그리고 모두 합쳐 19킬로미터를 운행했다. 만약 패스트벅까지의 거리를 'f' 킬로미터, 그림소프까지의 거리를 'g' 킬로미터라고 하면 이런 방정식을 만들 수 있다.

$2f+g=19$

불행히도 이 식만으로는 그림소프와 패스트벅이 얼마나 떨어져 있는지 제대로 알 수가 없다. 그렇다면 어제의 운행 기록을 알아봐야겠군. 이 기차는 그림소프에 두 번 갔다 왔고 그 다음 패스트벅에 가서 거기서 하루 운행을 마감했다. 전부 합쳐서 34킬로미터를 달렸으니까 이런 방정식이 나온다. $4g+f=34$

이제 두 개의 미지수를 가진 두 개의 방정식이 생겼다. 이 식을 푸는 방법은 두 가지인데 여러분은 하나를 선택할 수 있다. 우선, 이 식들을 다시 써 보고 각각 방정식 A, 방정식 B라고 하자.

$$A : 2f+g=19$$
$$B : 4g+f=34$$

대입

일반적으로 가장 간단하게 연립방정식을 푸는 방법이 대입이다. 여러분이 할 일은 세 가지이다.

- 방정식 하나를 바꾸어서 좌변에 문자 하나만 놓이도록 한다. 여기서는 A방정식을 자리바꿈해서 정리해 볼까?
  $g=19-2f$
- 이 문자를 나머지 방정식에 대입한다. 그러니까 B방정식의 g자리에 $(19-2f)$를 놓는 것이다. 그러면 $4(19-2f)+f=34$가 되는데, 이것은 미지수가 하나뿐이므로 풀 수 있게 된다!

  괄호를 연다.　　　　$4\times19-4\times2f+f=34$

  곱셈을 먼저 한다.　　$76-8f+f=34$

  f 항만 한 변에 남긴다.　$-7f=34-76$

양변에 −1을 곱한다. $7f = 42$
양변을 7로 나눈다. $f = 6$

● 이제 f의 값을 알았으니 이것을 두 방정식에 놓아 g 값을 알아낸다. 여기서 A방정식은 $2f + g = 19$이므로 $2 \times 6 + g = 19$, 즉 $12 + g = 19$, 따라서 $g = 19 - 12 = 7$.

답은 이렇다! $f = 6, g = 7$. 여러분은 이 수를 방정식 B에 대입해서 답이 맞는지 확인해 보면 된다.

가감

스스로 용감하다고 생각한다면, 연립방정식 전체를 서로 더해서 문자 하나를 지우는 방식으로 풀어 볼 수도 있다. 이 방법에는 기술과 배짱, 훈련이 필요하므로 우선 방정식이 무엇인지 다시 한번 돌이켜보자. A : $2f + g = 19$ 그리고 B : $4g + f = 34$

중요한 것은 두 방정식을 더했을 때 문자 하나가 사라지도록 방정식들을 바꾸는 것이다. 이 경우, 우리는 g를 없앨 생각이니까 방정식 A의 모든 항에 4를 곱해 주고 방정식 B의 모든 항에는 −1을 곱해 주도록 하자(걱정 마, 금방 이해가 될 테니까).

A × 4 : $8f + 4g = 76$
B × −1 : $-4g - f = -34$

어때? 여기 보니까 위의 방정식에는 $+4g$가 있고 아래쪽에는 $-4g$가 있지! 이제 두 방정식을 더해 보자. 좌변은 좌변끼리, 우변은 우변끼리 더한다.

그러면 $8f + 4g - 4g - f = 76 - 34$
오호! $7f = 42$, 따라서 $f = 6$

앞에서와 마찬가지로, 그림소프까지는 7킬로미터, 패스트벅까지는 6킬로미터란 답이 나왔다.

결국 연립방정식을 푸는 데는 두 가지 방법이 있다는 얘기다.

꼭 두 가지라고는 할 수 없어. 잊지 말라구, 153쪽에서 본 것처럼 그래프를 사용해서 연립방정식을 풀 수도 있으니까.

패스트벅 시민들의 지출보고서 요구

패스트벅 신문
파도, 밀려오기를 거부하다

최근 패스트벅 만(灣)을 찾는 관광객들이 자주 듣는 말은 바다에 가도 멀찍이서 구경만 할 수 있을 뿐, 발을 담글 수 없다는 것이다.

지금까지 우리의 소중한 공장에서 쏟아내는 아주 약간밖에 해롭지 않은 독성 찌꺼기들이 퍼크 강을 통해 해변으로 실려 갔는데, 최근 들어 파도가 그것을 쓸어 가지 않겠다며 밀려오기를 거부하고 있기 때문이다.

이에 베젤 의원은 어제 성명을 발표했다. "바다가 바보짓을 하고 있습니다. 저는 시민 여러분께 장담합니다. 세 눈박이 물고기가 헤엄치고 말하는 해초가 있는 검은 강에서 수영하는 것은 전적으로 안전합니다."

버젤 의원 : "저도 수영을 했지만 전혀 해롭지 않았습니다."

더러운 도시 패스트벅이 심각한 위기에 처해 있다. 만약 이 도시의 주요 돈줄인 관광객들이 발길을 돌린다면 시의원들은 크고 호화로운 자동차나 폼 나는 해외여행 같은 중요한 일에 쓸 돈을 줄여야 한다. 분명 어떤 조치가 있어야 할 것이다. 그래서 시의회는 임시조사반을 구성하기로 결의했다.

조사를 위해서 중요한 업무를 맡을 수 있는 시의원은 100명. 그래서 이들은 세 팀으로 나누어 조사하기로 했다.

- 첫 번째 팀의 시의원들은 오후에 브라운풀 바닷가의 아름다운 관광열차를 타고 둘러보면서 만 내부에 얼마나 많은 독성 찌꺼기가 버려져 있는지 확인하기로 했다.
- 두 번째 팀의 시의원들은 하이팁스 호텔에서 공장 주인들을 만나서 만찬에 이어 무대공연 및 춤판이 곁들여진 조사회의를 갖기로 했다.
- 세 번째 팀의 시의원들은 독성 찌꺼기들이 세계의 다른 곳까지 번지지는 않는지 확인하기로 했다. 따라서 이들은 전용 제트기에 가족 및 수행원들을 동반하고 하와이까지 날아

가서 한 달 동안 전용 휴양지에서 생활하면서 해변으로 독성 찌꺼기가 밀려오는지 확인할 예정이다.

물론 이 여행에는 비용이 들어간다. 그래서 패스트벅의 납세자들은 각 팀에 몇 명의 시의원들이 배치되었는지 정확히 알려 달라고 요구하고 있다.

나, 참! 시의원들은 이 숫자와 문자의 범벅을 내밀면 시민들이 멍하니 있을 거라고 생각한 모양이다. 하지만 〈앗! 시리즈〉이 제공하는 조사법을 이용한다면 실제로 어떻게 된 건지 알아

낼 수 있다.

첫 번째 방정식은 전체 시의원의 수 즉 'C'를 말해 준다. C는 100이다. 이 의원들이 세 개 팀으로 나뉘었으니까 첫 번째 팀에 속한 의원 수는 c_1, 둘째 팀에 속한 의원 수는 c_2, 셋째 팀에 속한 의원 수는 c_3이다. 우리가 각 문자의 오른쪽 밑에 써 넣은 작은 숫자를 주목하도록. 이것은 실제 셈과는 아무 상관이 없는 것이다. c_2는 둘째 팀의 시의원 수를 나타내지만, c^2은 $c \times c$를 뜻하므로 서로 다르다는 얘기다.

그러므로 이것은 세 개의 미지수를 가진 세 개의 방정식이라고 할 수 있다. 물론 우리는 시의원들이 돌아오기 전에 c_1, c_2, c_3의 값을 구할 수 있어야 한다. 이 방정식들을 A, B, C라고 해 보자.

A : $c_1+c_2+c_3=100$

B : $c_1=19c_2-c_3$

C : $c_3=21c_2-11c_1$

c_1을 구하기 위해 방정식 A를 정리해 보면 $c_1=100-c_2-c_3$

이제 이 c_1을 방정식 B에 대입시켜 보자.

$100-c_2-c_3=19c_2-c_3$

이게 웬 떡이람! 양변에 $-c_3$이 있으니까 그냥 두 항을 없애 버릴 수 있다. 이제 남은 것은 $100-c_2=19c_2$이다. 요거야 금방 계산이 되지. $20c_2=100$. 양변을 20으로 나누어 주면 $c_2=5$가 된다. 결국 두 번째 팀인, 만찬 조사회의에 나간 시의원은 다섯 명이다.

그렇지만, 우리의 조사는 계속된다.

만약 c_2의 값인 5를 방정식 A에 대입하면 $c_1+5+c_3=100$

이것을 정리해서 방정식 D라고 하자. $D : c_1+c_3=95$

그리고 c_2 값을 방정식 C에 대입하면 $c_3=21\times5-11c_1$

이것을 정리해 방정식 E라고 하자. $E : c_3=105-11c_1$

이제 두 개의 미지수를 가진 두 개의 방정식이 생겼으니 계산이 쉬워졌다. 방정식 D의 양변에서 c_1을 빼면 이렇게 된다.

$$c_3 = 95 - c_1$$

그 다음 이 식을 방정식 E로 치환하면 $95 - c_1 = 105 - 11c_1$

이 식의 항을 옮기면 $11c_1 - c_1 = 105 - 95$

$$10c_1 = 10$$

마지막으로 $c_1 = 1$

그렇다면 관광열차를 타고 조사에 나선 시의원은 단 한 명이라고 말할 수 있다. 그 사람이 핑커턴이다.

그럼 하와이로 떠난 시의원은 모두 몇 명일까? 100명의 시의원 중 저녁 만찬에 간 사람이 다섯 명, 열차를 탄 사람이 한 명이므로 하와이에 간 의원은 94명이다. 방정식 E에서 c_1의 값인 1을 대입하면 c_3의 값이 나오므로 맞는지 확인할 수 있다.

$c_3 = 105 - 11 \times 1$이므로 $c_3 = 105 - 11 = 94$이다.

다행히 이것은 이 책 속의 이야기일 뿐이다. 현실에서는 절대 이런 일이 일어나지 않을 것이다!

오염된 해변의 위기를 해소하기 위해 그럴듯한 해법을 제시한 시의원은 단 한 명, 바로 핑커턴 의원인데 그의 얘기를 들어 보면 이유를 알 수 있다.

패스트벅 신문

시의원들의 청소 광경 보러 관광객들 몰려

전 시의원들이 시민들이 낸 세금으로 공짜 해외관광에 나섰다가 발각되고 그 처벌로 해변을 훑으며 청소하게 되자 이 광경을 보기 위해 오늘 패스트벅에는 관광객 수천 명이 다시 몰려들었다.

새 시장이 된 핑커턴은 전 동료들의 치욕스런 장면이 재미있느냐는 질문에 농담으로 답했다. "저까지 혀를 내두를 정도랍니다. 이건 모두 〈앗! 시리즈〉 덕분입니다."

제로 증명

지금까지 여러분은 수학이 발명한 것들 중 가장 힘들고 어려운 과정을 헤쳐 왔다. 이제 여러분이 알려지지 않은 미지의 상대와 한판 격전을 치를 준비가 되었는지 확인해 보기로 하자. 대수에는 '제로 증명' 즉 ZP(Zero Proof)라고 하는 아주 고약한 것이 있다. 이것은 보통 〈앗! 시리즈〉 협회 회원 전용 골프장 지하 어느 곳의 외딴 벙커에서 감시를 받고 있다. 이 제로 증명은 아주 순진해 보이지만 일단 통제를 벗어나면 우주 전체와 그 안의 모든 것을 위협할 수 있다.

여러분의 과제는 이 ZP를 무장해제하는 방법을 알아내는 것이다. 원래 나는 여러분이 어디로 가는지 볼 수 없도록 차창을 검게 선팅한 특수 리무진에 여러분을 태워서 그곳에 보낼 생각이었다. 그러나 불행히도 그 위치 자체가 너무 중요한 비밀이므로 운전기사조차 밖을 볼 수 없게 되어 있다. 그 결과 운전기사는 14번 홀에서 충돌 사고를 일으켜 물벼락을 맞았다.

그러므로 나는 위험을 무릅쓰고 과감한 결정을 내렸다. 그 ZP를 이 책에 등장시키는 것이다. 하지만 부디 명심하도록. 이것은 진짜 비밀이니까 여러분은 눈을 꼭 감은 채 그것을 봐야 한다. 처음 볼 때는 이렇게 생겼을 것이다.

하지만 눈을 살짝만 떠 보면 이런 것이 보인다.

제로 증명

- 똑같은 두 수를 아무거나 고른다.
  그것을 a와 b라고 한다.
- a와 b가 같으므로 이렇게 쓸 수 있다. a=b
  다시 말하지만 방정식에서는 양변을 똑같이 다루는 한 어떤 짓이든 할 수 있다.
- 양변에 a를 곱한다. $a^2=ab$.
- 양변에서 b^2을 뺀다. $a^2-b^2=ab-b^2$
- 좌변에 두 거듭제곱의 차인 a^2-b^2이 있다.
  120쪽을 다시 보면 이것은 (a-b)(a+b)로 쓸 수 있다.
  한편 우변인 $ab-b^2$은 b(a-b)로 인수분해 할 수 있다.
  이것을 방정식으로 정리하면 (a-b)(a+b)=b(a-b)
- 양변을 (a-b)로 나눈다. (a+b)=b
- 괄호를 없앤다. a+b=b
- 양변에서 b를 뺀다. a+b-b=b-b
- 그러므로 a=0
  우리는 처음에 'a'가 어떤 수인지 따로 정하지 않았으므로, 'a'는 어떤 수든 될 수 있다.
  그러므로 우리는 방금 어떤 수든 0과 같다는 사실을 증명한 셈이다.

이것은 말할 수 없을 만큼 위험한 것이다! 만약 어떤 수=0인 것을 증명할 수 있다면 모든 것은 붕괴되고 만다. 생각해 보자. 10톤의 단단한 바위도 아무것도 아니고, 100년의 시간도 순식

간에 사라져 버리고, 100만 광년의 거리도 0으로 줄어들게 된다. 우리는 하나의 세계에 살고 있지만 만약 1=0이라는 걸 증명한다면 세계는 사라져 버릴 것이다!

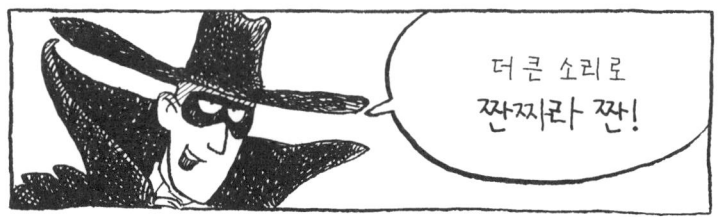

만약 ZP의 능력을 믿지 못하겠다면 앞쪽의 아랫부분을 보시라. 이 무시무시한 계산이 들어 있는 장의 쪽수마저 벌써 0으로 변해 버렸지 않은가.

그렇지만 이 책을 주의 깊게 읽은 사람이라면 제아무리 ZP라고 해도 확실한 실력을 갖춘 행성에서는 재앙을 일으킬 기회를 찾지 못하는 이유를 알 것이다. 여러분한테 몇 가지 단서를 줄까……. 이 증명이 $a=b$라는 식에서 시작되었음을 기억하라. 그럼 $(a-b)$는 뭐게? 이래도 답을 모르겠다면 앞으로 돌아가서 다섯 가지 규칙을 확인해 보도록! (그것을 찾았으면 마지막 승리의 팡파르를 울리고 이 책으로 여러분 머리를 세게 치는 것으로 마무리한다. 퍽!)

드디어 나, 팬텀 X는 그림자 속으로 사라져 미지의 적과의 싸움을 계속해야 한다. 하지만 이번에는 사정이 다르다. 여러분, 고맙다. 나는 더 이상 혼자가 아니라는 사실을 알았으니까. 그럼, 안녕. 그동안 정말 즐거웠다. 영원히 안녕…… 그리고 행운을 빈다!

앗, 시리즈 (전 70권)

수많은 교사와 학생들이 한눈에 반한 책.
전 세계 2천만 독자의 인기를 독차지한 〈앗, 시리즈〉는 수학에서부터 과학, 사회, 역사까지, 공부와 재미를 둘 다 잡은 똑똑한 학습교양서입니다.

수학
01 수학이 모두 모여 수군수군
02 수학이 수리수리 마술이
03 수학이 수군수군
04 수학이 또 수군수군
05 수학이 자꾸 수군수군 1. 셈
06 수학이 자꾸 수군수군 2. 분수
07 수학이 자꾸 수군수군 3. 확률
08 수학이 자꾸 수군수군 4. 측정
09 대수와 방정맞은 방정식
10 도형이 도리도리
11 섬뜩섬뜩 삼각법
12 이상야릇 수의 세계
13 수학 공식이 꼬물꼬물
14 수학이 꿈틀꿈틀

과학
15 물리가 물렁물렁
16 화학이 화끈화끈
17 우주가 우왕좌왕
18 구석구석 인체 탐험
19 식물이 시끌시끌
20 벌레가 벌렁벌렁
21 동물이 뒹굴뒹굴
22 화산이 왈칵왈칵
23 소리가 쏙쏙쏙쏙
24 진화가 진짜진짜
25 꼬르륵 뱃속여행
26 두뇌가 뒤죽박죽
27 번들번들 빛나리
28 전기가 찌릿찌릿
29 과학자는 괴로워?
30 공룡이 용용 죽겠지
31 질병이 지끈지끈
32 지진이 우르콰콰
33 오싹오싹 무서운 독
34 에너지가 불끈불끈
35 태양계가 티격태격
36 튼튼탄탄 내 몸 관리
37 똑딱똑딱 시간 여행
38 미생물이 미끌미끌
39 의학이 으악으악
40 노발대발 야생동물
41 뜨끈뜨끈 지구 온난화
42 생각번뜩 아인슈타인
43 과학 천재 아이작 뉴턴
44 소름 돋는 과학 퀴즈

사회·역사
45 바다가 바글바글
46 강물이 꾸물꾸물
47 폭풍이 푸하푸하
48 사막이 바싹바싹
49 높은 산이 아찔아찔
50 호수가 넘실넘실
51 오들오들 남극북극
52 우글우글 열대우림
53 올록볼록 올림픽
54 와글와글 월드컵
55 파고 파헤치는 고고학
56 이왕이면 이집트
57 그럴싸한 그리스
58 모든 길은 로마로
59 아슬아슬 아스텍
60 잉카가 이크이크
61 들썩들썩 석기 시대
62 어두컴컴 중세 시대
63 쿵쿵쾅쾅 제1차 세계 대전
64 쾅쾅탕탕 제2차 세계 대전
65 야심만만 알렉산더
66 위풍당당 엘리자베스 1세
67 위엄가득 빅토리아 여왕
68 비밀의 왕 투탕카멘
69 최강 여왕 클레오파트라
70 만능 천재 레오나르도 다 빈치